ULRICH KARPEN

Auslegung und Anwendung des Grundgesetzes

Hamburger Rechtsstudien
herausgegeben von Mitgliedern des
Fachbereichs Rechtswissenschaft I der Universität Hamburg
Heft 74

Auslegung und Anwendung des Grundgesetzes

Vom liberalen Rechtsstaat
zum demokratischen Sozialismus

Von
Prof. Dr. Ulrich Karpen

DUNCKER & HUMBLOT / BERLIN

CIP-Kurztitelaufnahme der Deutschen Bibliothek

Karpen, Ulrich:
Auslegung und Anwendung des Grundgesetzes : vom liberalen Rechtsstaat zum demokrat. Sozialismus / von Ulrich Karpen. — Berlin : Duncker u. Humblot, 1987.
  (Hamburger Rechtsstudien ; H. 74)
  ISBN 3-428-06264-7

NE: GT

Alle Rechte vorbehalten
© 1987 Duncker & Humblot GmbH, Berlin 41
Satz: Hermann Hagedorn GmbH & Co, Berlin 46
Druck: Berliner Buchdruckerei Union GmbH, Berlin 61
Printed in Germany

ISBN 3-428-06264-7

Inhaltsverzeichnis

I. Die Grundentscheidungen des Grundgesetzes 7

  1. Die Entscheidung für die freiheitlich demokratische Grundordnung 7
  2. Die Bundesrepublik als sozialer Rechtsstaat 8
     a) Der liberale Ausgangspunkt 8
     b) Der liberale Rechtsstaat 11
     c) Unabhängigkeit der Richter und Gesetzesbegriff 13
     d) Der soziale Rechtsstaat 14
     e) Das Menschenbild des Sozialismus 16
  3. Die Bundesrepublik als demokratischer Bundesstaat 17
     a) Demokratie als Staatsform 18
     b) Die demokratischen Grundformen 20
     c) Die Entscheidung für die Grundrechte-Demokratie 21
     d) Repräsentative Demokratie und Parteiendemokratie 24
     e) Partizipatorische Demokratiemodelle 27
     f) Die parlamentarische Demokratie 28
     g) Bundesstaat und Selbstverwaltung 29
  4. Das Grundgesetz als Verfassungstypus 30
     a) Art. 79 Abs. 3 GG als „axiomatische Ewigkeitsentscheidung" 31
     b) Der Verfassungstypus 33
     c) Die Entscheidung für die soziale Grundrechte-Demokratie 36
     d) Absage an liberalistische und totalitäre Verfassungstypen 38

II. Auslegung und Anwendung der Grundentscheidungen des Grundgesetzes 41

  1. Zur Methodik der Verfassungsauslegung 41
     a) Verfassungsauslegung und -anwendung 41
     b) Verfassungsrecht als „politisches Recht" 43
     c) Aufgaben der Verfassungsauslegung 44
     d) Die Wertjurisprudenz 46
     e) Verfassungsanwendung 47
     f) Die Verfassung als Organisationsstatut und Wertordnung 50
  2. Verfassungsauslegung 51
     a) Die Aufgabe der Verfassungsauslegung 51
     b) Fallbezogene, anwendungsorientierte Auslegung 53
     c) Kritik 54
  3. Verfassungsfortbildung 55
     a) Die historische Dimension der Auslegung 55
     b) Fortbildung des Verfassungsrechtes 56
     c) „Fließende Geltungsfortbildung" des Rechtes 58

III. Das Grundgesetz als Verfassung des sozialen Rechtsstaates ... 62

1. Grundentscheidung für die soziale und rechtsstaatliche Demokratie 62
2. Der soziale Rechtsstaat ... 64
   a) Das herkömmliche Rechtsstaatsverständnis ... 64
   b) Das „Soziale" als Gestaltungsauftrag des Staates ... 66
   c) Der soziale Rechtsstaat ... 67
3. Die repräsentative Demokratie ... 68
4. Die Grundrechte ... 69
   a) Grundrechte als Spiegel des Verfassungstypus ... 69
   b) Grundrechte als subjektiv-öffentliche Rechte ... 70
   c) Die Grundrechte als Elemente der objektiven Staatsordnung ... 71
   d) In dubio pro libertate ... 72

IV. Das Grundgesetz als Verfassung des demokratischen Sozialismus ... 74

1. Die Ordnungsvorstellung des demokratischen Sozialismus ... 74
   a) Alte Quellen und neue Ansätze ... 74
   b) Verfassungsauslegung als Instrument der Transformation ... 76
   c) Das veränderte Verhältnis von Staat und Gesellschaft ... 77
   d) Durchstaatlichung der Gesellschaft und Vergesellschaftung des Staates .. 79
   e) Teilhabe und Teilnahme als Forderungen des demokratischen Sozialimus ... 80
2. Vom sozialen Rechtsstaat zum Sozialstaat ... 84
3. Von der politischen Demokratie zur Demokratisierung von Staat und Gesellschaft ... 86
   a) Zur Begriffserklärung ... 86
   b) Partizipation und Mitbestimmung ... 88
   c) Demokratisierung und öffentliche Meinung ... 90
4. Neuinterpretation der Grundrechte ... 94
   a) Grundrechtsverständnis des demokratischen Sozialismus ... 94
   b) Zur Sozialbezogenheit der Grundrechte ... 95
   c) Grundrechte als Institutionen ... 96
   d) Änderungen der Statuslehre ... 96
   e) Über die Einschränkbarkeit der Grundrechte ... 99

V. Tendenzen und Schranken der Interpretation des Grundgesetzes ... 102

1. Vom Sozialstaat zum Wohlfahrtsstaat ... 102
2. Von der repräsentativen zur partizipatorischen Demokratie ... 104
3. Bedeutungswandel der Grundrechte ... 105
4. Verfassungswandel durch Interpretation? ... 107
5. Die Verfassung als „offene" Wertordnung ... 110

I. Die Grundentscheidungen des Grundgesetzes

1. Die Entscheidung für die freiheitlich demokratische Grundordnung

Die Grundentscheidung des Grundgesetzes für eine freiheitlich demokratische Ordnung des gesamten Lebens im Staat ist die Antwort auf die Erfahrungen des Staatsunrechtes[1] und des Unrechtsstaates in der Zeit der nationalsozialistischen Gewaltherrschaft und auf andere Weise in der kommunistischen Diktatur. Ihr Kern ist die Anerkennung unantastbarer Grundrechte; die fundamentalen Strukturprinzipien sind die Staatszielbestimmung der Rechtsstaatlichkeit und Sozialstaatlichkeit sowie die Entscheidung für die demokratische Staatsform. Diese in Art. 79 III GG für unabänderlich erklärten Verfassungsentscheidungen prägen die unverfügbare Identität der Verfassungsordnung der Bundesrepublik Deutschland. Bestandteil des Grundgesetzes ist auch die Präambel[2].

Die Grundrechte der Art. 1 bis 19 GG sind der eigentliche Grundstock der Entscheidung für die freiheitliche Ordnung[3]; sie sind der organisatorischen Verfassung vor- und übergeordnet[4]. Die Staatszielbestimmung, die Entschei-

---

[1] Forsthoff, Ernst, Der Staat der Industriegesellschaft, München 1971, S. 15; Diederichsen, Uwe, Die Flucht des Gesetzgebers aus der politischen Verantwortung im Zivilrecht, Karlsruhe 1974, S. 6; Fikentscher, Wolfgang, Methoden des Rechts in vergleichender Darstellung, Bde. 1-5, Tübingen 1975-1977, Bd. 3, S. 337, 440 ff.; Schreckenberger, Waldemar, Rhetorische Semiotik, Analyse von Texten des Grundgesetzes und von rhetorischen Grundstrukturen der Argumentation des Bundesverfassungsgerichtes, Freiburg—München 1978, pass.; Karpen, Ulrich, Die Verweisung als Mittel der Gesetzgebungstechnik, Köln 1970, pass.; ders., Die Verweisung im System horizontaler und vertikaler Gewaltenteilung, in: Rödig (Hrsg.), Studien, Berlin—Heidelberg 1975, S. 221-243 (223 f.).

[2] von Mangoldt, Hermann/Klein, Friedrich, Das Bonner Grundgesetz, Bde. 1-3, 2. Aufl., Berlin und Frankfurt/M. 1966-1974, Bd. 1, S. 42; zu ihrem materialen Wertgehalt vor allem Fikentscher, a.a.O., Bd. 2, S. 362.

[3] Kelsen, Hans, Der Staat als Integration, Eine prinzipielle Auseinandersetzung, Wien 1930, S. 87 einerseits und Häberle, Peter, Die Wesensgehaltsgarantie des Art. 19 Abs. 2 Grundgesetz — Zugleich ein Beitrag zum institutionellen Verständnis der Grundrechte und zur Lehre vom Gesetzesvorbehalt, 3. Aufl., Karlsruhe 1984, S. 4 ff. andererseits; Huber, Ernst Rudolf, Rechtsstaat und Sozialstaat in der modernen Industriegesellschaft, in: Nationalstaat und Verfassungsstaat, Studien zur Geschichte der modernen Staatsidee, Stuttgart 1965, S. 249-272; auch in: Forsthoff (Hrsg.), Rechtsstaatlichkeit und Sozialstaatlichkeit, Darmstadt 1968, S. 589-618 (Rechtsstaat S. 260); Krüger, Herbert, Allgemeine Staatslehre, 2. Aufl., Stuttgart und Berlin 1966, S. 541.

[4] Grundrechtsgewährleistung, nicht -gewährung, zur insoweit noch umstrittenen Geltungskraft des Grundrechtsteiles der WRV: Schmitt, Carl, Inhalt und Bedeutung des zweiten Hauptteils der Reichsverfassung, in: Anschütz, Gerhard/Thoma, Richard,

dung für den sozialen Rechtsstaat (Artikel 20 I, 28 I GG) bezeichnet die Richtung, in der die Staatszwecke konkretisiert und die Staatsaufgaben erfüllt werden sollen[5]. Die Staatsform- und -gliederungsbestimmungen, die Entscheidung für den republikanischen und demokratischen Bundesstaat (Artikel 20 I, 28 I GG), regeln die Grundzüge der Organisation und des Verfahrens des staatlichen Handelns[6]. Grundrechte und Grundentscheidung für den sozialen Rechtsstaat kennzeichnen die Staatsart der Bundesrepublik Deutschland; sie beschreiben Rechte und Pflichten des einzelnen gegenüber staatlicher Ingerenz und begrenzen damit Art und Umfang staatlicher Befugnisse; Grundrechte und Entscheidung für den sozialen Rechtsstaat sind der Kern der Verhältnisordnung. Die Grundentscheidung für parlamentarische Demokratie, die zugleich Parteiendemokratie (Art. 21 GG) ist, für Gewaltenteilung und bundesstaatliche Gliederung bezeichnen die Staatsform der Bundesrepublik Deutschland; sie bestimmen die Gliederung des Staates, konstituieren die Funktionsordnung, Institutionen und Verfahren der politischen Willensbildung und regeln die Mitwirkungsbefugnisse des einzelnen; die Entscheidung für den demokratischen Bundesstaat ist das Fundament der organisatorischen Verfassung. Nähere Untersuchung und Auslegung der Grundentscheidungen des Grundgesetzes zeigen, daß alle genannten Prinzipien zugleich Höchstwertentscheidungen sind. Der soziale Rechtsstaat mit im Kern unantastbaren Grundrechten ist der rechtsstaatliche Bestandteil des Grundgesetzes: er konstituiert die freiheitliche Ordnung der Bundesrepublik. Parlamentarische Demokratie, Parteienmitwirkung und Bundesstaatlichkeit sind die Grundpfeiler des politischen Bestandteiles des Grundgesetzes: sie kennzeichnen die demokratische Grundordnung der Bundesrepublik. Beide sind Elemente der freiheitlich demokratischen Grundordnung, welche die letzte, einheitliche und unteilbare Grundentscheidung des Verfassungsgebers ist und die Bundesrepublik Deutschland als Staatstypus unverwechselbar prägt[7].

2. Die Bundesrepublik als sozialer Rechtsstaat

a) Der liberale Ausgangspunkt

Grundrechtsteil und Entscheidung für den Rechtsstaat kennzeichnen die Bundesrepublik zunächst als Staat der bürgerlichen Freiheit, im Gegensatz zum

---

HdbdDStR, Bd. 2, Tübingen 1932, S. 572-606 (578) und Anschütz, Gerhard, Die Verfassung des Deutschen Reichs vom 11. August 1919, Ein Kommentar für Wissenschaft und Praxis, 4. Bearb., 14. Aufl., 1933, Nachdruck Darmstadt 1965, S. 522.

[5] Krüger, Staatslehre, S. 780; Schmitt, Carl, Verfassungslehre, 3. Aufl., Berlin 1957, S. 125.

[6] Krüger, Staatslehre, S. 780; Carl Schmitt, Verfassungslehre, S. 125.

[7] BVerfGE 1, 380 (403), E 2, 1 (12); zur „Verfassung" Wolff, Hans Julius, Organschaft und Juristische Person, Untersuchungen zur Rechtstheorie und zum öffentlichen Recht, Bd. 1: Juristische Person und Staatsperson, Berlin 1933, Bd. 2: Theorie der Vertretung, Berlin 1934, Neudruck Aalen 1968, Bd. 1, S. 427; Carl Schmitt, Verfassungslehre S. 37f.

2. Die Bundesrepublik als sozialer Rechtsstaat

Polizei-, Wohlfahrts- und jeder anderen Art Staat, der primär andere Ziele hat als die Wahrung der Rechtsordnung[8]. Als sozialer Rechtsstaat hat die Bundesrepublik jedoch zugleich die Aufgabe des Ausgleiches, der Hilfe, der begrenzten Sozialgestaltung[9]. Die Entscheidung für den Grundrechte-Rechtsstaat nimmt damit in der politisch letztlich entscheidenden Frage nach den Staatszwecken Stellung für den liberalen[10] Ausgangspunkt und verwirft den Liberalismus ablehnende staatsphilosophische Ansätze[11]. Der Liberalismus als Verteilungsprinzip geht vom Vorrang des Individuums und der prinzipiellen Begrenzung der Staatsaufgaben aus. Eine liberal-rechtsstaatliche Verfassung ist primär begrenzende Ordnung[12], wie der Grundrechtsteil des Grundgesetzes deutlich macht.

Als Organisations- und Verfahrensordnung regelt sie primär Art und Weise der Wahrnehmung der Staatsaufgaben — nicht Inhalt und Ziel —, wie es das Grundgesetz mit Gewaltenteilung, Vorrang und Vorbehalt des Gesetzes und der Zugrundelegung des allgemeinen Gesetzes tut[13]. Ziele und Inhalte der Staatstätigkeit gibt der liberale Rechtsstaat nur dann und insoweit vor, wie man ihn material als Staat der Gerechtigkeit versteht[14]: Folgerichtigkeit, Sachlichkeit

---

[8] Krüger, Staatslehre, S. 780; Stern, Klaus, Rechtsfragen der öffentlichen Subventionierung Privater, in: JZ 1960, S. 557-562 (557); Carl Schmitt, Verfassungslehre, S. 125f.

[9] Entscheidung gegen den manchesterlichen „Nachtwächterstaat" (Lassalle), Bachof, Otto, Begriff und Wesen des sozialen Rechtsstaats" — der soziale Rechtsstaat in verwaltungsrechtlicher Sicht, in: VVDStRL, 12 (1954), S. 37-84; auch in: Forsthoff, E. (Hrsg.), Rechtsstaatlichkeit und Sozialstaatlichkeit, Darmstadt 1968, S. 201-258 (202); Kägi, Werner, Die Verfassung als rechtliche Grundordnung des Staates, Neudruck Darmstadt 1971, S. 43; Marti, Hans, Urbild und Verfassung, Eine Studie zum hintergründigen Gehalt einer Verfassung, Bern und Stuttgart o.J., S. 120.

[10] Leibholz, Gerhard, Die Gleichheit vor dem Gesetz, 2. Aufl., München—Berlin 1959, S. 231; Böhm, Franz, Wirtschaftsordnung und Geschichtsgesetz, Tübingen 1974, S. 11; ders. (Hrsg.), Wirtschaftsordnung und Staatsverfassung, Tübingen 1950, pass.

[11] Herzog, Roman, Der Staat in der deutschen Staatsrechtslehre des 20. Jahrhunderts, in: Ritter, Gerhard, A., Vom Wohlfahrtsausschuß zum Wohlfahrtsstaat, Köln 1973, S. 13-28 (20).

[12] Locke und Montesquieu. Konstitutionen entstanden im 17. und 18. Jahrhundert überhaupt nur zum Zwecke der Begrenzung absoluter Staatsgewalt, dazu Carl Schmitt, Verfassungslehre, S. 125; Kägi, a.a.O., S. 43.

[13] Art. 20 II, III, Art. 19 I GG; Krüger, Staatslehre, S. 781; Forsthoff, Die Umbildung des Verfassungsgesetzes, Festschrift für Carl Schmitt, Berlin 1959, S. 36-62; auch in: Der Rechtsstaat im Wandel, Verfassungsrechtliche Abhandlungen 1950-1964, Stuttgart 1964, S. 174.

[14] Die Staatlichkeit des liberalen Staates zeichnet sich dadurch aus, daß sie sich inhaltlich nicht legitimiert; Smend, Rudolf, Verfassung und Verfassungsrecht, in: Staatsrechtliche Abhandlungen und andere Aufsätze, Berlin 1955, S. 119-276 (222); Kelsen, Integration, S. 72; Ridder, Helmut, Meinungsfreiheit, in: Neumann/Nipperdey/Scheuner, Die Grundrechte, Bd. 2, Berlin 1954, S. 243-290 (258), Anm. 55e: „... und in Absatz 3 fällt die Grundentscheidung für den materialen Rechtsstaat der christlichen Kultur- und Staatenwelt"; Burckhardt, Walter, Methode und System des Rechts, Nachdruck Zürich 1971, S. 241; Gutzwiller, Max, Zur Lehre von der „Natur der Sache",

und Willkürfreiheit der Erfüllung der Staatsaufgaben ist oberster Zweck jedes Verfassungsstaates. Darüber hinaus verpflichtet das Grundgesetz den Staat, soziale Gerechtigkeit zu verwirklichen[15], verantwortlich-solidarisches Verhalten zu fördern, Chancengerechtigkeit anzustreben und außer „Gleichheit vor dem Gesetz" — wenn angezeigt — auch „Gleichheit durch das Gesetz" anzustreben.

In Abweichung von der WRV ist im GG der Grundrechteteil an die Spitze gerückt. Die Grundrechte bezeichnen die Verhältnisordnung der rechtsstaatlichen Verfassung: Die Freiheit des einzelnen ist prinzipiell unbegrenzt, die staatliche Macht prinzipiell beschränkt[16].

Als Ausdruck der Entscheidung, Staatsaufgaben nur nach Maßgabe vorgegebener und gewährleisteter, nicht gewährter, Rechte des einzelnen anzuerkennen, stellen die Grundrechte zugleich die oberste materielle Wertentscheidung des GG dar[17]. Das wird besonders in der Anerkennung der Menschenwürde deutlich; als elementarer Verfassungsgrundsatz wird Art. 1 I GG in Art. 1 II GG in Menschenrechte aufgelöst und in Art. 1 III GG adressiert. Das Bekenntnis zur Menschenwürde als Unverfügbarkeit und Entfaltungsfähigkeit des einzelnen ist Endpunkt philosophisch-anthropologischen Reflektierens und Basisentscheidung; als Verfassungsprinzip[18] kann sie — in Freiheit, Gleichheit, Solidari-

---

in: Elemente der Rechtsidee, Ausgewählte Aufsätze und Reden, Basel—Stuttgart 1964, S. 134-148; Krüger, Staatslehre, S. 780.

[15] Art. 20 I, 28 I GG; Hesse, Konrad, Die verfassungsrechtliche Stellung der politischen Parteien im modernen Staat, in: VVDStRL 17 (1959), S. 11-52 (18); Abendroth, Wolfgang, Zum Begriff des demokratischen und sozialen Rechtsstaats im Grundgesetz der Bundesrepublik Deutschland, in: Sultan und Abendroth: Bürokratischer Verwaltungsstaat und soziale Demokratie, Hannover, Frankfurt 1955; auch in: Aus Geschichte und Politik, Festschrift zum 70. Geburtstag von Ludwig Bergsträsser, Düsseldorf 1954, S. 279-300; auch in: Forsthoff, Ernst (Hrsg.): Rechtsstaatlichkeit und Sozialstaatlichkeit, Darmstadt 1968, S. 114-144 (119); Zacher, Hans F., Was können wir über das Sozialstaatsprinzip wissen? in: Hamburg, Deutschland, Europa, Beiträge zum deutschen und europäischen Verfassungs-, Verwaltungs- und Wirtschaftsrecht, Festschrift für Hans Peter Ipsen zum 70. Geburtstag, hrsg. von Rolf Stödter und Werner Thieme, Tübingen 1977, S. 207-267 (221 f.).

[16] BVerfGE 1, 14 (32 f.); Abendroth, a.a.O., S. 119; Carl Schmitt, Verfassungslehre, S. 159; Carl Schmitt, HdbdDStR, Bd. 2, S. 580; a. A. Habermas, Jürgen, Strukturwandel der Öffentlichkeit, Untersuchungen zu einer Kategorie der bürgerlichen Gesellschaft, 3. Aufl., Neuwied und Berlin 1968, S. 243.

[17] Leibholz, Gerhard, Die Auflösung der liberalen Demokratie in Deutschland und das autoritäre Staatsbild, München 1933, S. 23.

[18] BVerfGE 30, 173 (193) („Mephisto"); E 39, 1 (42) (§ 218 StGB); Maunz, Theodor/Dürig, Günter/Herzog, Roman/Scholz, Rupert, Grundgesetz, Kommentar, Bde. 1-3, München, Stand 1984 (Loseblatt), Art. 1, Rn. 4; v. Mangoldt-Klein, a.a.O., S. 247; Wolff, Hans Julius/Bachof, Otto, Verwaltungsrecht, Ein Studienbuch, München 1974-1978, Bd. I: 9. Aufl., München 1974, Bd. II: 4. Aufl., München 1976, Bd. III: 4. Aufl., München 1978, Bd. I, § 25 I; Hegel, Georg Wilhelm Friedrich, Grundlinien der Philosophie des Rechts und Naturrecht und Staatswissenschaft in Grundrissen, Werke 7, Theorie, Werkausgabe, Frankfurt 1930, § 209; Mastronardi, Philippe, Der Verfassungsgrundsatz der Menschenwürde in der Schweiz, Ein Beitrag zur Theorie und Praxis der Grundrechte,

2. Die Bundesrepublik als sozialer Rechtsstaat

tät — lediglich entfaltet, nicht weiter begründet werden. Sinn des Art. 1 III GG ist es, den der Verfassung vorgegebenen, von ihr anerkannten Grundwert soweit wie möglich in ein positiv-rechtliches unbezweifelbares Anspruchssystem umzuprägen[19]. Das geschieht im Hauptfreiheits- und -gleichheitsrecht (Art. 2, 3 GG)[20] sowie in den folgenden Individual- und Gruppen-Grundrechten.

Einrichtungsgarantien schützen gewisse (entpersönlichte) wertbezogene Ordnungen des gesellschaftlichen Lebens — wie die Freiheit der Wissenschaft (Art. 5 III GG) oder die gemeindliche Selbstverwaltung (Art. 28 II GG) — an sich gegen die Vernichtung durch den Staat. Sie sind Elemente der objektiven Rechtsordnung, vom Recht geformt wie das Recht prägend[21].

b) Der liberale Rechtsstaat

Grundrechte und institutionelle Garantien sind das wichtigste Element des liberalen, bürgerlichen Rechtsstaates. Der Rechtsstaat ist in diesem Verständnis primär ein Organisationsprinzip, welches die Bewahrung der Freiheitsgarantien durch Gewaltenteilung, Gesetzesvorbehalt und das Postulat einer bestimmten Gesetzesqualität sichert[22]. Der Rechtsstaat regelt Art und Form der Erledigung begrenzter Staatsaufgaben; die inhaltliche Gestaltung der Politik überläßt der liberale Rechtsstaat dem pluralistischen, gesellschaftlichen Kräftespiel[23], das

---

Berlin 1978, S. 62ff.; Krüger, Staatslehre, S. 945ff., 965f.; Steinberger, Helmut, Konzeption und Grenzen freiheitlicher Demokratie, dargestellt am Beispiel des Verfassungsrechtsdenkens in den Vereinigten Staaten von Amerika und des amerikanischen Subversionsrechts, Berlin/Heidelberg 1974, S. 177; Huber, in: Forsthoff, Rechtsstaatlichkeit, S. 280.

[19] Maunz/Dürig/Herzog/Scholz, a.a.O., Art. 1 Rn. 91.

[20] Maunz/Dürig/Herzog/Scholz, a.a.O., Art. 2 Rn. 2 und Steinberger, a.a.O., S. 1 zu Art. 3 GG.

[21] Contiades, Ion Jean-Paul, Verfassungsrechtliche Staatsstrukturbestimmungen, Stuttgart—Berlin 1967, S. 106; Carl Schmitt, Verfassungslehre, S. 173; ders., Verfassungsrechtliche Aufsätze, Aufsätze aus den Jahren 1924-1954, Berlin 1958, S. 149; ders., HdbdDStR, Bd. 2, S. 596; Fikentscher, a.a.O., Bd. 3, S. 65, 276; Wilhelm, Walter, Zur juristischen Methodenlehre im 19. Jahrhundert, Die Herkunft der Methode Paul Labands aus der Privatrechtswissenschaft, Frankfurt/Main 1958, S. 230; Schelsky, Helmut, Die Arbeit tun die anderen, Klassenkampf und Priesterherrschaft der Intellektuellen, 2. Aufl., Opladen 1975, S. 277; Krüger, Staatslehre, S. 168f.

[22] BVerfGE 2, 1 (12); Forsthoff, Umbildung, in: Rechtsstaat im Wandel, S. 174; ders., in: Forsthoff, Rechtsstaatlichkeit, S. 173; Menger, Christian Friedrich, Der Begriff des sozialen Rechtsstaates im Bonner Grundgesetz, Recht und Staat, 173, Tübingen 1953; auch in: Forsthoff, Ernst (Hrsg.), Rechtsstaatlichkeit und Sozialstaatlichkeit, Darmstadt 1968, S. 42-72 (51f.); Jellinek, Georg, Allgemeine Staatslehre, 3. Aufl., 6. Neudruck, Darmstadt 1959, S. 36; Carl Schmitt, Verfassungslehre, S. 39, 126, 182; Thoma, Das Recht als Demokratie, in: Anschütz/Thoma, Handbuch des deutschen Staatsrechts, Bd. 1, Tübingen 1930, S. 186-200; Kägi, a.a.O., S. 98.

[23] Steinberger, a.a.O., S. 24; Fraenkel, Ernst, Universitas litterarum und pluralistische Demokratie, in: Universität und Demokratie, Berliner Universitätstage 1967, Berlin 1967, S. 5-19 (13); Böhm, Wirtschaftsordnung, S. 11.

die Verfassung institutionell und funktionell regelt. Seit Locke und Montesquieu wird die konstitutionelle Theorie und Praxis von dem Satz beherrscht, daß eine Verfassung geradezu identisch mit Gewaltenteilung sei. Schutz der individuellen Freiheit, Verläßlichkeit und Berechenbarkeit der Staatsgewalt sind die raison d'etre der liberalen Verfassung. Sedes materiae[24] des liberalen Rechtsstaatsprinzips sind Art. 20 II, III, 28, 1 III, 20 III, 92 i.V.m. 97 II GG sowie die Überschriften der Abschnitte VII, VIII, IX des GG. Für den Gesetzesbegriff ist Art. 19 I GG hinzuzuziehen.

Der liberale Rechtsstaat des GG — in Abgrenzung gegenüber dem sozialen Rechtsstaat (Art. 20 I, 28 I GG) — versteht Gerechtigkeit primär als Freiheit, als liberale Gerechtigkeit[25]. Die Rechtsidee des liberalen Rechtsstaates ist primär die iustitia commutativa et directiva; sein Staatszweck richtet sich vorzüglich auf den Rechtszweck, die Gewährleistung von Recht und Rechtssicherheit. Der liberale Rechtsstaat ist weitgehend Justizstaat, der iustitia legalis et punitiva verpflichtet. Das Menschenbild des liberalen Rechtsstaates ist individualistisch geprägt[26]. Die Freiheit[27] der vernunftgeleiteten Persönlichkeit ist der beste Regulator der Gesellschaft. Der in der Menschenwürde verankerte Freiheitswert hat Vorrang vor der ebenfalls der Menschenwürde entspringenden Gleichheit. Gleichheit wird als Gleichheit vor dem Gesetz gesehen. Materiale Gleichheit irgendwelcher inhaltlichen Art muß sich im Wettbewerb „des Marktes" einstellen. Freiheit wird geschützt im Vertrauen darauf, daß sie chancengleiche Teilnahme an diesem Wettbewerb ermöglicht und verbürgt[28].

Freiheit wird organisatorisch durch ein System gewaltenhemmender „checks and balances" gesichert[29]. Die Funktionen der verfassungsgebenden, politisch lenkenden, gesetzgebenden, vollziehenden und das Recht anwendenden rechtsprechenden Gewalten sind auf Parlament, Regierung, Verwaltung und Justiz verteilt[30]. Die verfassungsgebende Gewalt ist an die Unantastbarkeitsklausel

---

[24] von Mangoldt-Klein, a.a.O., S. 598.

[25] Krüger, Staatslehre, S. 777f.; Haenel, Albert, Deutsches Staatsrecht, 1. Bd., Die Grundlagen des deutschen Staates und die Reichsgewalt, Leipzig 1892, s. 129; Kelsen, Integration, S. 72; Carl Schmitt, Verfassungslehre, S. 71.

[26] del Vecchio, Giorgio, Die Gerechtigkeit, 2. Aufl., Basel 1950, S. 88.

[27] Kägi, a.a.O., S. 77; Kelsen, Was ist Gerechtigkeit? Wien 1953, S. 5; Forsthoff, Umbildung, S. 36; Carl Schmitt, Verfassungslehre, S. 38, 126; Maunz/Dürig/Herzog/Scholz, a.a.O., Art. 2 Rn. 2.

[28] Leibholz, Gleichheit, S. 72, 178, 198; Fechner, Erich, Freiheit und Zwang im sozialen Rechtsstaat, Tübingen 1953; auch in: Rechtsstaatlichkeit und Sozialstaatlichkeit, Darmstadt 1968, S. 73-94 (86).

[29] Starck, Christian, Freiheit und Organisation, Tübingen 1976, S. 5; Gneist, Rudolf, Der Rechtsstaat und die Verwaltungsgerichte in Deutschland, 2. Aufl., 1879, Nachdruck Darmstadt 1958, S. 60; Kelsen, Reine Rechtslehre, 2. Aufl., 1960, Nachdruck Wien 1967, S. 63, 119, 314; Carl Schmitt, Verfassungslehre, S. 124, 200; Thoma, Gegenstand-Methode-Literatur, in: Anschütz/Thoma, Handbuch des Deutschen Staatsrechts, Bd. 1, Tübingen 1930, S. 1-13; ders., in: HdbdDStR, Bd. 2, S. 233; Krüger, Staatslehre, S. 945; Starck, Freiheit und Organisation, S. 5.

des Art. 79 III GG gebunden; für die gesetzgebende Gewalt gilt der Verfassungsvorbehalt (Art. 20 II GG), vor allem in Gestalt der Wesensgehaltsgarantie des Art. 19 II GG[31]; für die Exekutive Vorrang und Vorbehalt des Gesetzes (Art. 20 II GG). Das Ideal des liberalen Rechtsstaates gipfelt in der gerichtlichen Überprüfbarkeit aller staatlichen Handlungen[32] (Art. 19 IV, Art. 93 GG); die Rechtsprechung ist an Verfassung, Gesetz und Recht gebunden (Art. 20 II GG).

c) Unabhängigkeit der Richter und Gesetzesbegriff

Das wichtigste organisatorische Einzelmerkmal des Rechtsstaates ist die Unabhängigkeit der Richter (Art. 97 GG). Gegenüber dem Ideal des liberalen Rechtsstaates hat sich in verfahrensmäßiger Hinsicht vor allem der Gesetzesbegriff gewandelt. Weil liberale Rechtsstaatlichkeit „government of laws, not of men" bedeutete, galt eine bestimmte inhaltliche Qualität der Norm als archimedischer Punkt des Rechtsstaates[33]. Im Gefolge der naturrechtlichen Staatsphilosophie zeichnete sich das Gesetz ursprünglich durch inhaltliche Richtigkeit, Vernunft aus; den rechtsstaatlichen Gesetzesbegriff kennzeichnete Normativität und veritas[34], im Gegensatz zum politischen Gesetzesbegriff, der Wille und Befehl, auctoritas sein wollte[35]. Formal war das rechtsstaatliche Gesetz generelle und abstrakte Norm, die ihre Legitimation aus dem freien Willen aller Bürger herleitet und vor der alle Bürger gleich sind. Vor einem Einzelakt gibt es keine Gleichheit „ohne Ansehen der Person": insoweit korrelieren Gleichheitssatz und Gesetzesbegriff[36]. Der rationalitätsverbürgende Hintergrund des Gesetzes als generell-abstrakter Norm wurde immer weniger gesehen. Im Zuge der Ablösung rechtsformalistischen Denkens schien auch die formale Qualität selbst an Bedeutung zu verlieren. Der moderne Staat muß — auch als Rechtsstaat — dynamisch dem raschen Wechsel der Situationen und Aufgaben folgen, Maßnahmen ergreifen, die eine verallgemeinerungsfähige

---

[30] Wolff/Bachof, a.a.O., Bd. 2 § 69.

[31] Forsthoff, Umbildung, S. 52; Carl Schmitt, HdbdDStR, Bd. 2, S. 592; Häberle, a.a.O., pass.

[32] Burckhardt, Die Organisation der Rechtsgemeinschaft, 2. Aufl., Zürich 1944, Nachdruck Zürich 1971, S. 238; Menger, in: Forsthoff, Rechtsstaatlichkeit, S. 54; Carl Schmitt, Verfassungslehre, S. 133; Fechner, in: Forsthoff, Rechtsstaatlichkeit, S. 75.

[33] Smend, Abhandlungen, S. 253; Carl Schmitt, Verfassungslehre, S. 133, 138; Leibholz, Gleichheit, S. 196; ders., in: Der Strukturwandel der modernen Demokratie, in: Strukturprobleme der modernen Demokratie, Karlsruhe 1958, S. 78-129 (94); Habermas, a.a.O., S. 65; Krüger, Staatslehre, S. 276; Häberle, a.a.O., S. 160.

[34] Locke, John, Zwei Abhandlungen über die Regierung, hrsg. von Walter Euchner, Frankfurt 1967, § 142.

[35] Hobbes, Thomas, Leviathan oder Stoff, Form und Gewalt eines bürgerlichen und kirchlichen Staates, hrsg. von Irving Fetscher, Frankfurt/M. und Berlin 1976.

[36] Welzel, Naturrecht und materiale Gerechtigkeit, 4. Aufl., Göttingen 1962; S. 159; Carl Schmitt, Verfassungslehre, S. 135; Leibholz, Gleichheit, S. 201 Fn. 1; Kägi, a.a.O., S. 30; Habermas, a.a.O., S. 66; Smend, Abhandlungen, S. 215.

I. Die Grundentscheidungen des Grundgesetzes

Regelung nur noch schwer erlauben[37]. Gleichwohl handelt der liberale Rechtsstaat im allgemeinen immer noch durch Normen, nicht durch Maßnahmegesetze, Programme, Pläne, Einzelmaßnahmen. Vor allem muß bei Art. 19 I GG an der Allgemeinheit des Gesetzes festgehalten werden[38].

d) Der soziale Rechtsstaat

Die Bundesrepublik Deutschland ist aber nicht nur ein liberaler, sondern auch ein sozialer Rechtsstaat[39], wie Art. 20 I, 28 I GG explizit und andere Grundgesetzvorschriften mit sozialstaatlichem Gehalt — wie Art. 3 I, 6 III, 12, 14 II, 15, 74 Nr. 7 GG — implizit erkennen lassen. Meint das Attribut „sozial" anthropologisch „zusammenleben" und (sozial-)ethisch „Rücksichtnahme", so ist es hier in seiner politischen Bedeutung als „Fürsorge", „Wohlfahrtsstaat", „Daseinsvorsorge" gemeint. Um des sozial-ethischen Wertes selbst, aber nicht zuletzt auch im Blick auf staatsbürgerlich-demokratische Zwecke, beschränkt sich der Staat nicht mehr auf den Rechtszweck, die generalisierbare Gefahrenabwehr, die das Glück als individuelle Angelegenheit des einzelnen betrachtet, sondern übernimmt in Erfüllung des Wohlfahrtszweckes auch Leistungs-, Lenkungs- und Gestaltungsaufgaben, versucht, die „soziale Frage" zu lösen, Glück und Wohlfahrt für alle zu mehren, letztlich an der Gestaltung der

---

[37] Kägi, a.a.O., S. 30, 169; Badura, Wirtschaftsverfassung und Wirtschaftsverwaltung, Ein exemplarischer Leitfaden, Frankfurt/M. 1971, S. 35; Krüger, Staatslehre, S. 53, statt „règle de droit" zum „procédé de gouvernement". Zur Beteiligung des Parlamentes an diesen Einzelakten — wie bisher schon an der Verabschiedung des Haushaltes (Heckel, Johannes, Einrichtung und rechtliche Bedeutung des Reichshaushaltsgesetzes, in: Anschütz/Thoma, HdbdDStR, Bd. 2, Tübingen 1932, S. 374-392 [387]).

[38] Forsthoff, Umbildung, S. 34.

[39] Im Sinne des „sozialen" Königtums Lorenz von Steins, auch der sozialstaatlichen Vorstellungen Max Webers und Friedrich Neumanns, vgl. schon Kelsen, Integration, S. 73; Heller, Hermann, Rechtsstaat oder Diktatur?, Tübingen 1930; auch in: Gesammelte Schriften, Leiden 1971, Bd. 2, S. 443-461; Krüger, Staatslehre, S. 390ff.; Hollerbach, Alexander, Ideologie und Verfassung, in: Ideologie und Recht, hrsg. von Werner Maihofer, Frankfurt 1969, S. 37-61 (57f.); Huber, Ernst Rudolf, Wirtschaftsverwaltungsrecht, Bd. 1 und 2, 2. Aufl., Tübingen 1953 und 1954 (Bd. 1, S. 31); Klein, Hans H., Die Grundrechte im demokratischen Staat, Stuttgart/Berlin 1972, S. 48; Steiger, Reinhard, Institutionalisierung der Freiheit?, Zur Rechtsprechung des Bundesverfassungsgerichtes im Bereich der Grundrechte, in: Schelsky (Hrsg.), Zur Theorie der Institution, Düsseldorf 1970, S. 92-118 (111); Hesse, VVDSTRL 17 (1959), S. 18; Abendroth, in: Forsthoff, Rechtsstaatlichkeit, S. 119; Steinberger, a.a.O., S. 138; Schelsky, Arbeit, S. 308; Wieacker, Franz, Das Sozialmodell der klassischen Privatrechtsgesetzbücher und die Entwicklung der modernen Gesellschaft, Juristische Studiengesellschaft Karlsruhe, Heft 3, Karlsruhe 1953, S. 18f.; Zacher, a.a.O., S. 117; Ven, J. J. M. van der, Grundgedanken zum Sozialrecht und seiner Enwicklung, in: Jahres- und Tagungsbericht der Görres-Gesellschaft 1977, Köln 1978, S. 66-80 (73); Oppermann, Thomas, Kulturverwaltungsrecht, Bildung, Wissenschaft, Kunst, Tübingen 1969, S. 155; Liefmann-Keil, Elisabeth, Ökonomische Theorie der Sozialpolitik, Berlin, Göttingen, Heidelberg 1961, pass.; Grauhan, Rolf-Richard, Grenzen des Fortschritts? Widersprüche der gesellschaftlichen Rationalisierung, München 1975, S. 22.

2. Die Bundesrepublik als sozialer Rechtsstaat

Gesellschaft mitzuwirken. Wenn das GG sich für den „sozialen Rechtsstaat" ausspricht, so bedeutet das zunächst eine Absage an den formalen Rechtsstaat[40], der nichts sein will als ein System von Kunstgriffen und Techniken zur Freiheitswahrung, im alleinigen Vertrauen darauf, daß sich durch das Spiel der Mächte ein Gleichgewicht der Kräfte und Wohlfahrt für alle von selbst einstellen werde. In dieser Hinsicht ist das Epitheton „sozial" geeignet, den Staat des Grundgesetzes — im Gegensatz zum angeblich bewußt wertneutralen oder wertfreien Rechtsstaat der WRV — als besonders „werterfüllt" erscheinen zu lassen. Eine Überbetonung dieser (negativen) Abwehr-Entscheidung müßte jedoch zu einem Mißverständnis führen: Denn entgegen einem positivistischen Verfassungsverständnis der WRV hat sich gezeigt, daß sich auch der liberale Rechtsstaat, insbesondere in den Grundrechten, der freiheitlichen Rechtsidee, einem materialen Höchstwert, verpflichtet weiß. Auch der liberale Rechtsstaat will — wenn auch vorwiegend mit organisatorischen Mitteln, ohne Wertbekenntnis — das Recht verwirklichen und eine Gesamtordnung von Staat und Gesellschaft ziehen[41]. So liegt das Schwergewicht des „Sozialen" im Rechtsstaat in dem (positiven) Bekenntnis zur sozialen Gerechtigkeit, in der Verpflichtung des Staates zur Fürsorge für alle Teile der Bevölkerung, insbesondere die wirtschaftlich schlechter Gestellten[42]. Der soziale Staat ist aufgerufen, die soziale Ordnung nicht mehr als gegeben hinzunehmen, sondern an ihrer Verbesserung mitzuwirken. Soziale Gerechtigkeit orientiert sich an der iustitia distributiva, will ausgleichende, verteilende Gerechtigkeit[43]. Gewiß soll jeder im Rechtsstaat zunächst frei sein, aber es gibt einen Grad von materieller Mittellosigkeit, angesichts dessen die Berufung auf die Freiheit leer zu laufen droht und die Behauptung, jeder könne sich selbst helfen, wie Hohn wirken muß[44]. Die Berufung auf eine mögliche Freiheitsgefährdung durch staatliches Handeln wird unzulässig, wenn ohne staatliche Hilfe Freiheit nicht mehr vor gewisser Bedrohung durch gesellschaftliche Kräfte bewahrt werden kann.

---

[40] Forsthoff, Umbildung, in: Rechtsstaat im Wandel, S. 174; Gerber, Hans, Die Sozialstaatklausel des Grundgesetzes, in: AöR, Bd. 81 (1956), S. 1-54; auch in: Forsthoff, Ernst W. (Hrsg.), Rechtsstaatlichkeit und Sozialstaatlichkeit, Darmstadt 1968, S. 340-410 (382).
[41] Marti, a.a.O., S. 120, Fn. 57, Steinberger, a.a.O., S. 22, Carl Schmitt, in: HdbdDStR, Bd. 2, S. 580; Gerber, in: Forsthoff, Rechtsstaatlichkeit, S. 382, Habermas, a.a.O., S. 244.
[42] BVerfGE 5, 85 (198) („KPD-Urteil"); Jellinek, Staatslehre, S. 258; Kelsen, Integration, S. 73; von Mangoldt/Klein, a.a.O., Bd. 1, S. 606f.; Ridder, Zur verfassungsrechtlichen Stellung der Gewerkschaften im Sozialstaat nach dem Grundgesetz für die Bundesrepublik Deutschland, Rechtsgutachten zur Frage der Verfassungsmäßigkeit des Urteils des Bundesarbeitsgerichtes vom 31. Oktober 1958, Stuttgart 1960, S. 10; ders., in: HdbdGR, Bd. 2, S. 258, Fn. 55; Krüger, Staatslehre, S. 810; Forsthoff, Industriegesellschaft, S. 27; Eucken, Walter, Grundsätze der Wirtschaftspolitik, 5. Aufl., Tübingen 1975, S. 122; Badura, a.a.O., S. 32.
[43] Krüger, Staatslehre, S. 789.
[44] Krüger, Staatslehre, S. 798.

e) Das Menschenbild des Sozialismus

Der Sozialstaat orientiert sich am sozialen Menschenbild, das der freiheitlichen und gleichen Menschenwürde den humanen Wert der Solidarität hinzufügt, die aus gemeinsamer Verbundenheit folgende gegenseitige Verpflichtung aller Menschen untereinander[45]. Solidarisches Handeln will Chancengerechtigkeit herstellen, eklatante Ungerechtigkeiten abbauen, sieht das Ziel ökonomischer Gleichheit vor sich (Bebel) und ist insgesamt der Versuch, „dem Stand der Standlosen zu einem Status in Gesellschaft und Staat zu verhelfen". Die soziale Rechtsidee wird von gleichheitlichen[46] Gerechtigkeitsvorstellungen geprägt: Egalisierung, Typisierung, „Mitte" statt Peripherie, durchschnittliche Lebensverhältnisse, kennzeichnen den Begriffsinhalt. Das Sozialstaatsprinzip soll schädliche Auswirkungen schrankenloser Freiheit verhindern und die Gleichheit fortschreitend bis zu dem vernünftigerweise zu fordernden Maß verwirklichen[47]. Erkennt der liberale Staat formelle Gleichheit vor dem Gesetz an, so erstrebt der Sozialstaat materielle, substanzielle Gleichheit durch das Gesetz. Im gleichheitlichen Grundstrom gibt es Freiheit nur, soweit Solidarität gewährleistet ist[48]. Solidarität soll die in ihren Schwächen als Egoismus und Willkür gesehene Freiheitsbetätigung von Individuen und Gruppen überwinden.

Der Sozialstaat bedeutet Steigerung der Staatsaufgaben, tendenziell ihre Entgrenzung[49] anstelle prinzipieller Limitierung im liberalen Rechtsstaat. Daseinsvorsorge, Infrastrukturgewährleistung, soziale Rechte auf Fürsorge, Bildung, Wohlfahrt, Glück bezeichnen die Arbeitsfelder des Sozialstaates[50].

„Sozial" ist — in Ergänzung der vorwiegend organisatorisch ausgeformten Rechtsstaatlichkeit — eine „Staatszielbestimmung"[51], ist Auftrag und Richtli-

---

[45] Badura, a.a.O., S. 34; Theorie und Grundwerte — Grundwerte und Grundrechte, vorgelegt von der Grundwerte-Kommission beim SPD-Parteivorstand, Bonn 1979, S. 9; Krüger, Staatslehre, S. 390; Huber, Zur Problematik des Kulturstaates, Recht und Staat, Heft 212, Tübingen 1958, S. 4; Gerber, in: Forsthoff, Rechtsstaatlichkeit, S. 392.

[46] Abendroth, in: Forsthoff, Rechtsstaatlichkeit, S. 124, 138; Zacher, Ipsen-Festschrift, S. 222; Menger, in: Forsthoff, Rechtsstaatlichkeit, S. 55; Scheuner, Der Staat im Felde der internationalen Ordnung, in: Ritter, Gerhard A. (Hrsg.), Vom Wohlfahrtsausschuß zum Wohlfahrtsstaat, Köln 1973, S. 137-160 (138).

[47] So BVerfGE 5, 85 (206).

[48] Häberle, a.a.O., S. 121, 178; Menger, in: Forsthoff, Rechtsstaatlichkeit, S. 55; Köttgen, Arnold, Der soziale Bundesstaat, in: Neue Wege der Fürsorge, Festgabe für Hans Muthesius zum 75. Geburtstag, Köln 1960, S. 19-45; auch in: Forsthoff, Ernst, Rechtsstaatlichkeit und Sozialstaatlichkeit, Darmstadt 1968, S. 431-460 (432); Badura, a.a.O., S. 34.

[49] Badura, a.a.O., S. 31; Zacher, in: Das Vorhaben des Sozialgesetzbuches, Percha 1973, Einleitung, S. 9-33 (19); Grauhan, Grenzen, S. 29.

[50] Ipsen, Hans-Peter, Enteignung und Sozialisierung, in: VVDSTRL 10 (1951), S. 74-123 (74); Krüger, Staatslehre, S. 796; Bachof, in: Forsthoff, Rechtsstaatlichkeit, S. 225f.

[51] So Ipsen, Über das Grundgesetz, 2. Aufl., Hamburg 1965; auch in: Forsthoff, E. (Hrsg.), Rechtsstaatlichkeit und Sozialstaatlichkeit, Darmstadt 1968, S. 16-41 (24), ders., in: VVDSTRL 10 (1951), S. 74, 104; Haenel, Staatsrecht, S. 23f.

nie[52] für politisches Handeln, sei es des Gesetzgebers, sei es der Verwaltung, ist Auslegungsregel für geltendes Recht[53], Ermächtigung für Leistungen und Hilfe. Ob man das „Soziale" darüber hinaus als institutionelle Garantie[54] ansieht oder nicht: Jedenfalls macht die Sozialstaatsklausel den sozialen Prozeß de jure irreversibel (was er de facto immer schon war) und stellt die jeweils erreichten sozialen Errungenschaften jedenfalls typologisch unter den Schutz der Verfassung[55]. Der inhaltlich auf die Verwirklichung des Sozialen verpflichtete Staat ist jedoch als „Sozialer Rechtsstaat" an die rechtsstaatlich — und eben primär liberal-rechtsstaatlich — geprägten Handlungsformen der Verfassung gebunden[56]. Auch als Sozialstaat muß er die Freiheitsrechte beachten. Soziale Grundrechte als verfassungskräftige Leistungsansprüche kennt das Grundgesetz nicht. Der Sozialstaat kann nur im Gewand des gewaltenteilenden Staates verwirklicht werden. Auch dem Sozialstaat steht nur das detaillierte Aktionensystem der Art. 74 ff. GG zur Verfügung. Auch alle sozialen Maßnahmen bedürfen unter dem Gesichtspunkt des Gesetzesvorbehaltes der Tätigkeit der Legislative. Allerdings verschiebt sich das Schwergewicht des Handelns im Sozialstaat immer mehr vom langfristig normierenden Gesetzgeber zur kurzfristig und unmittelbar agierenden Regierung und Verwaltung. Vor allem verändern sich im Sozialstaat die Formen staatlichen Handelns. Der rechtsstaatliche Gesetzesbegriff (mit Allgemeinheit und Richtigkeit der Norm) reicht gerade für die Verbürgung der iustitia distributiva nicht mehr aus, Leistungen und Teilhaberechte sind nicht in einer vollzugsreifen Norm zu erfassen. Gruppenfördernde Vorsorge läßt noch Maßnahmegesetze zu; Individualgerechtigkeit fordert die Einzelmaßnahme, wodurch die Arbeitsweise des Sozialstaates immer stärker von der des (liberalen) Gesetzgebungsstaates zum (sozialen) Verwaltungsstaat gewandelt wird[57], der mit Plan und Programm, (Zu-)Teilung und Leistung handelt.

3. Die Bundesrepublik als demokratischer Bundesstaat

Der rechtsstaatliche Teil der Verfassung macht nur einen Teil der Staatsverfassung aus. Er wird ergänzt durch die Grundentscheidungen über die politische

---

[52] Carl Schmitt HdbDStR, Bd. 2, S. 594, 602; Häberle, a.a.O., S. 189; Badura, a.a.O., S. 31; Gerber, in: Forsthoff, Rechtsstaatlichkeit, S. 392.

[53] Ennerccerus, Ludwig/Nipperdey, Hans Carl, Lehrbuch des Bürgerlichen Rechts, Allgemeiner Teil des Bürgerlichen Rechts, 1. u. 2. Hbd., 15. Aufl., Tübingen 1959/60, Bd. 1, S. 318 (zur Anwendung sozialethischer Prinzipien); Oppermann, a.a.O., S. 155 (Sozialstaat als nicht zu übersehendes „Zeichen").

[54] Ipsen, in: Forsthoff, Rechtsstaatlichkeit, S. 188.

[55] Forsthoff, Umbildung, S. 54.

[56] BVerfGE 5, 85 (198); Bachof, in: Forsthoff, Rechtsstaatlichkeit, S. 225, Köttgen, in: Forsthoff, Rechtsstaatlichkeit, S. 459.

[57] Krüger, Staatslehre, S. 62, 65, 815; Habermas, a.a.O., S. 244; Forsthoff, in: Forsthoff, Rechtsstaatlichkeit, S. 179; Ossenbühl, Fritz, Verwaltungsvorschriften und Grundgesetz, Bad Homburg, 1968, S. 234.

Form des Staates: die Staatsform, die Regierungsform und die Staatsgliederung. Das Grundgesetz hat sich zunächst für die Republik entschieden: das republikanische Prinzip bedarf keiner weiteren Konkretisierung, so daß es insoweit bei der Festlegung in Art. 20 I und 28 I GG sein Bewenden hat[58]. Die Staatsform richtet sich nicht mehr nach dem Staatsoberhaupt, sondern nach dem Träger der Staatsgewalt. Die Bundesrepublik ist eine Demokratie, und zwar eine konstitutionelle, näherhin parlamentarische Demokratie mit maßgeblicher Mitwirkung von Parteien an der staatlichen Willensbildung (Art. 20 I, II, 21 GG). Die Regierungsform ist durch den gewaltengliedernden Parlamentarismus bezeichnet (Art. 20 II GG). Die Bundesrepublik ist bundesstaatlich gegliedert und kennt dezentralisierende Formen der Selbstverwaltung (Art. 20 I, 28 II GG).

a) Demokratie als Staatsform

Die Grundentscheidung für die demokratische Staatsform (Art. 20 II GG) besagt, daß Träger der Staatsgewalt das Volk ist. Es hat sich die Verfassung gegeben und ist durch das von ihm gewählte Parlament maßgeblich an der Regierung beteiligt[59]. Näherhin ist das GG die Verfassung einer freiheitlich demokratischen Ordnung, insbesondere einer repräsentativ-parlamentarischen Demokratie. Die genauere Erfassung dieser Staatsform erfordert eine Besinnung auf den Inhalt der Demokratie — freie und gleiche Mitwirkung der Bürger an der Staatswillensbildung —, die verschiedenen Demokratiearten — messianisch-egalitäre, relativistische, tolerante Grundrechte-, Demokratie-, die Demokratieformen — plebiszitäre und repräsentative Demokratie — sowie schließlich die Organisation der Vermittlung des Volkswillens — durch ein Parlament, Parteien, Verbände, die öffentliche Meinung. Die Entscheidung des Grundgesetzes für eine Alternative in jeder genannten Kategorie bedeutet jeweils die Negation der anderen und erhält erst aus diesem Tatbestand Sinn; die Integration aller in die Verfassung aufgenommenen Elemente und Formen des demokratischen Grundsatzes machen erst die unverwechselbare Grundentscheidung für „die Demokratie des Grundgesetzes" aus.

Inhaltlicher Gehalt der Demokratie ist die Selbstbestimmung des Volkes, Abweisung der Fremdbestimmung durch einen anderen Souverän. Jedes staatliche Handeln legitimiert sich aus der konsentierenden Entscheidung des Volkes, alle Inhaber staatlicher Gewalt gehen unmittelbar oder mittelbar aus Volkswahlen hervor[60]. Überspitzt ausgedrückt, stellt Demokratie in diesem

---

[58] Hesse, Grundzüge des Verfassungsrechtes der Bundesrepublik Deutschland, 14. Aufl., Heidelberg 1984, S. 52; Contiades, a.a.O., S. 40f., 90 (Staatsfirmierung), Carl Schmitt, Verfassungslehre, S. 84f., 223; Leibholz, Auflösung, S. 76.

[59] Hesse, VVDSTRL 17 (1958), S. 17; Carl Schmitt, Verfassungslehre, S. 224; ders., Die geistesgeschichtliche Lage des heutigen Parlamentarismus, 3. Aufl., Berlin 1961, S. 41; Wolff, Organschaft, Bd. 1, S. 483.

[60] Plato, Althusius, Grotius, Pufendorf, Locke, Rousseau, Thoma, HdbdDStR, Bd. 2, S. 112f.; Radbruch, Gustav, Die politischen Parteien im System des deutschen Verfas-

3. Die Bundesrepublik als demokratischer Bundesstaat

Sinne die Identität von Regierenden und Regierten her[61]. Zum Demokratiebegriff gehört als wesentliches Element die Gleichheit der Bürger[62], die in der neuzeitlichen Demokratie durch Ablösung der Standesgliederung errungen wurde und in der Gleichheit des Wahlrechtes (Art. 38 I GG) wie der Gleichheit vor dem Gesetz (Art. 3 I GG) ihren Niederschlag gefunden hat: „We hold these truths to be self evident, that all men are created equal"[63]. Gemeint ist zunächst die politische Gleichheit — nicht die soziale, gesellschaftliche, wirtschaftliche[64] —; aus ihr folgt die Geltung des Mehrheitsprinzips als Grundpfeiler der Demokratie. Darüber hinaus bedeutet Volkssouveränität, Selbstbestimmung, auch eine Entscheidung für Freiheit (Art. 38 I, Art. 2 I GG). Das Pathos der Demokratie beruht gerade darauf, daß überall da, wo Herrschaft notwendig ist, diese um der Würde des Menschen willen keine andere Quelle als die Zustimmung der von ihr Betroffenen haben kann, die in Wahl und Kontrolle, ggf. Abwahl der Entscheidungsträger, ihren Ausdruck findet[65]. Selbstbestimmung ist in diesem Sinne Freiheit von Fremdbestimmung. Der rationalistische Hintergrund insbesondere des Rousseauschen Demokratiebegriffes ist die Vorstellung, der Mensch sei in der Demokratie frei, weil er letztlich nur sich selbst gehorche. Ob man nun in der Idee der Demokratie, deren Kern Selbstbestimmung ist, Freiheit vor Gleichheit[66] oder Gleichheit vor Freiheit[67] rangieren läßt, hat Auswirkungen auf Art und Form der Demokratieverwirklichung. Gleichwohl wird man wohl einheitlich feststellen können, daß der status activus, gleichheitlich ausgeübt, Freiheit (also status negativus) voraussetzt und rechtliche Freiheit nur unter den Bedingungen der Gleichheit möglich ist[68].

---

sungsrechts, in: Anschütz/Thoma, HdbdDStR, Bd. 1, Tübingen 1930, S. 285 – 294 (286); Kelsen, Integration, S. 81; Burckhardt, Organisation, S. 213; Steinberger, a.a.O., S. 1, 37, 42, 116; Krüger, Staatslehre, S. 839; Talmon, J. W., The History of Totalitarian Democracy, Bd. 1: The Origins of Totalitarian Democracy, London 1952, Bd. 2: Political Messianism, The Romantic Phase, London 1960, Bd. 1, S. 3ff.

[61] Carl Schmitt, Verfassungslehre, S. 234.

[62] BVerfGE 4, 31 (39), E 6, 84 (91); Carl Schmitt, Verfassungslehre, S. 126f., 169; Leibholz, Auflösung, S. 12; ders., Gleichheit S. 17; Kelsen, Vom Wesen und Wert der Demokratie, 2. Aufl., Tübingen 1929, Nachdruck Aalen 1963, S. 93; Thoma, HdbdDStR, Bd. 1, S. 188; Wolff, Organschaft, Bd. 1, S. 479f., Schindler, Dietrich, Verfassungsrecht und soziale Struktur, 5. Aufl., Zürich 1970, S. 133.

[63] 2. Absatz der amerikanischen Unabhängigkeitserklärung vom 4. Juli 1776.

[64] Leibholz, Auflösung S. 12; a. A. Abendroth, in: Forsthoff, Rechtsstaatlichkeit, S. 128.

[65] Locke, Rousseau; Steinberger, a.a.O., S. 24, 80, 187; anders in der Antike, in der der demokratische Freiheitsgedanke keine entscheidende Rolle spielte: Jaeger, Werner, Paideia, Die Formung des griechischen Menschen, 1. Bd., 3. Aufl., Berlin 1954, 2. Bd., 2. Aufl., Berlin 1954, 3. Bd., 2. Aufl., Berlin 1954, Bd. 2., S. 104; vgl. im übrigen: Kelsen, Demokratie, S. 4f.; ders., Gerechtigkeit, S. 16, 42; Thoma, HdbdDStR Bd. 1, S. 192; Leibholz, Gleichheit, S. 19.

[66] Kelsens liberalistische Grundhaltung, in: Demokratie, S. 91f. und Gerechtigkeit, S. 42.

[67] Carl Schmitt, Verfassungslehre, S. 224f.; Leibholz, Gleichheit, S. 16; Schindler, a.a.O., S. 133.

I. Die Grundentscheidungen des Grundgesetzes

b) Die demokratischen Grundformen

Soweit es die materiale, inhaltliche Seite des Demokratieverständnisses angeht, unterscheidet man traditionell zwei Grundformen: den „klassischen", französischen (Rousseauschen) und den angelsächsischen Demokratiebegriff[69]. Ersterer ist — mit Talmons Begriff — „messianisch", radikal-egalitär, intolerant. Es ist die Form des heteronom-homogenen, tendenziell totalitären Demokratismus. Die angelsächsische Demokratie ist pragmatisch — antiegalitär-liberal, minderheitenschützend —: Es ist die autonom-heterogene, pluralistische Demokratie des Rechtsstaates. Weil für das Verständnis der Grundgesetzdemokratie wichtig, ist noch die positivistische deutsche Spielart der relativistischen Demokratie zu nennen, die liberalistische Toleranz bis zur Selbstzerstörung übt[70]. Diese verschiedenen Demokratiearten wurzeln letztlich in unterschiedlichen Legitimationsvorstellungen, in abweichendem Politik-, d.h. Gemeinwohlverständnis. Die Rousseausche und die relativistische Demokratie sind monistisch und gleichheitsbetont; erstere hält das Gemeinwohl für a priori erkennbar, letztere ist wertagnostisch; die liberale „englische" Demokratie ist dualistisch-freiheitsbetont; sie hält den Raum für pluralistische Wertsuche und -bestimmung offen.

Das Grundgesetz enthält (Grundrechte, Rechtsstaat, Art. 79 III GG) eine Absage an Formen der totalitären Demokratie, die das Gemeinwohl als „wahren Willen des Volkes", als „wirkliche Wohlfahrt" für alle zu erkennen können glauben, verwirklichen wollen und zu diesem Zweck — legitimiert aus einer materialen Wert- und Zielvorstellung — Zwang auch gegen Minderheiten ausüben[71]: sei es, daß — wie bei Rousseau — die Gleichheit der Bürger so groß ist, daß aus der gleichen Substanz heraus alle nur das Gleiche wollen können („volonté générale")[72], sei es, daß in sozialistischen Volksdemokratien ebenso wie in faschistischen Diktaturen Partei- oder Staatsführung den „wirklichen Willen des Volkes" kennen, sich in der Interpretation akklamieren lassen oder

---

[68] Leibholz, a.a.O., S. 22f.

[69] Beide Modelle sind in Alexis de Tocquevilles „Demokratie in Amerika" vorweggenommen (Über die Demokratie in Amerika, Bde. 1 u. 2, Werke und Briefe, hrsg. von I. P. Mayer, Stuttgart 1959/62, S. 97ff., 104ff.); vgl. ferner Talmon, a.a.O., Bd. 1, S. 1; Fraenkel, Universitätstage, S. 7f.; Krüger, Staatslehre, S. 839; Albert, Hans, Traktat über kritische Vernunft, 2. Aufl., Tübingen 1969, S. 67f.

[70] Die unter der WRV weitgehend vertretene Demokratieauffassung, von Kelsen wissenschaftlich abgestützt.

[71] Talmon, a.a.O., Bd. 1, S. 2; Steinberger, a.a.O., S. 123, Kägi, a.a.O., S. 50, Schindler, a.a.O., S. 133.

[72] Smend, Abhandlungen, S. 221; Redslob, Walter, Die parlamentarische Regierung in ihrer wahren und in ihrer unechten Form, Eine vergleichende Studie über die Verfassungen von England, Belgien, Ungarn, Schweden und Frankreich, Tübingen 1918, S. 77; Talmon, a.a.O., Bd. 2, S. 3, 21; Steinberger, a.a.O., S. 123; Schumpeter, Joseph A., Kapitalismus, Sozialismus und Demokratie, 3. Aufl., München 1972, S. 397; Carl Schmitt, Verfassungslehre, S. 228.

das Volk solange „erziehen", bis es seinen „eigentlichen" Willen besser versteht[73]. In einer differenzierten Gesellschaft ist die Vorstellung eines homogenen Volkes eine Fiktion, der Gedanke eines a priori vorgegebenen Gemeinwohls eine Mystifikation und das Postulat einer Koinzidenz von Gemeinwille und Gemeinwohl eine Utopie.

Messianische Demokratien tendieren zum Totalitarismus, Gleichheit wird radikalisiert, Freiheit als Freiheit zur Tugend verstanden, der Gleichheit geopfert oder als „esprit de corps", „Fraktionismus", weil der „volonté générale" gefährlich, unterdrückt[74]. Das Grundgesetz hat sich als wertgebundene Verfassung aber auch vom relativistischen Demokratieverständnis, wie es die Interpretation der Weimarer Reichsverfassung weitgehend prägte, losgesagt[75]. Der relativistische Demokratiebegriff ist rein formal; er ist liberal und egalitär, streng am Majoritätsprinzip orientiert. Demokratie ist nichts als eine Methode zur Erzeugung der sozialen Ordnung nach dem Willen der Mehrheit[76]; der Relativismus als die diesem Demokratiebegriff zugrunde liegende Weltanschauung setzt sich in radikalen Gegensatz zu jedem metaphysisch-absolutistischen Politikverständnis. Er lehnt es ab, sich mit einer bestimmten politischen Auffassung zu identifizieren, ist vielmehr bereit, jeder politischen Meinung, die sich die Mehrheit verschaffen konnte, die Führung im Staat zu überlassen, weil sie ein eindeutiges Kriterium für die Richtigkeit politischer Anschauungen nicht kennt. Demokratie ist extrem tolerant, vertritt nichts, läßt alles zu und ist deshalb dem latenten Absolutismus des Mehrheitsentscheides, der jederzeit in Diktatur umschlagen kann, ex definitione schutzlos ausgeliefert[77].

c) Die Entscheidung für die Grundrechte-Demokratie

Das Grundgesetz hat sich nicht für die egalitäre, sondern vielmehr (Art. 79 III GG) für die „englische"[78] gleichheitliche und freiheitliche Demokratie entschieden, für die Grundrechte-Demokratie[79]. Gemeinwohl ist nicht etwas a priori

---

[73] Schumpeter, a.a.O., S. 474; Fikentscher, a.a.O., Bd. 3, S. 503.

[74] Fraenkel, a.a.O., S. 10; Ritter, Das deutsche Problem, Grundfragen deutschen Staatslebens gestern und heute, München 1962, S. 45.

[75] Maunz/Dürig/Herzog/Scholz, a.a.O., Art. 79, Rn. 29.

[76] Kelsen, Demokratie, S. 39f., 100; ders., Gerechtigkeit, S. 45; Radbruch, Rechtsphilosophie, 5. Aufl., hrsg. von Erik Wolf, Stuttgart 1956, S. 84; ders., in: HdbdDStR, Bd. 1, S. 289; Thoma, HdbdDStR, Bd. 2, S. 153; ders., in: HdbdDStR, Bd. 1, S. 289; Wittmayer, Die Weimarer Reichsverfassung, Tübingen 1922, S. 50, Leibholz, Gleichheit, S. 101; Steinberger, a.a.O., S. 3.

[77] Kägi, a.a.O., S. 152, Gutzwiller, a.a.O., S. 262, Carl Schmitt, HdbdStR, Bd. 2, S. 582; Ritter, a.a.O., S. 51; Gerber, in: Forsthoff, Rechtsstaat, S. 383; Schumpeter, a.a.O., S. 384.

[78] Die Demokratie von Locke, Bentham, J. St. Mill, des Federalist, von Montesquieu und Bagehot.

[79] BVerfGE 2, 1 (12); Maunz/Dürig/Herzog/Scholz, a.a.O., Art. 79 Rn. 29f.

Auffindbares, sondern nur a posteriori feststellbar, als das, was das Volk wirklich will. Sie ist eine „Kompromißdemokratie", weil das Gemeinwohl weitgehend die Resultante im Parallelogramm der ökonomischen, sozialen, politischen und ideologischen Kräfte ist, ein „compromis de tous les jours"[80]. Sie ist eine pluralistische Konkurrenzdemokratie[81], in der die genannten Kräfte und ihre (in Parteien und Verbänden versammelten) Eliten um die Gestaltung des Gemeinwohles streiten. Insofern ist sie tolerante Demokratie, die Demokratie einer société ouverte, einer heterogen strukturierten Gesellschaft; wer die Mehrheit bekommt, kann sie durchsetzen. Aber sie versucht, der latenten Gefährdung durch den absoluten Mehrheitsentscheid zu entgehen, indem sie auf einem verpflichtenden Minimalwertkodex aufbaut; insofern ist sie wachsame und streitbare Demokratie[82]. Pluralismus bedeutet Differenzierung und Übereinstimmung. Auch die Mehrheit ist an Rechtsprinzipien gebunden; die logique de la constitution tritt an die Stelle der logique de la démocratie. Mehrheit wird zum praktischen Prinzip, nicht — wie beim Egalitarismus — zum Legitimationsprinzip. Und das wichtigste Element des auch von der Mehrheit zu wahrenden Rechtsprinzips ist die Freiheit, des einzelnen wie der Minderheit; auch Mehrheit muß die Grundrechte wahren und das Verfahren beachten. Die Grundrechte-Demokratie ist mithin dadurch gekennzeichnet, daß die Mehrheit beschließt, aber die Minderheit unentziehbare Rechte hat, über die sich die Mehrheit mit ihren Beschlüssen nicht hinwegsetzen kann: insbesondere das Recht der Minderheit, selbst Mehrheit zu werden (Chancengleichheit); ferner die Rechte des einzelnen und der kleineren Lebenseinheiten gegenüber den größeren (Subsidiaritätsprinzip), schließlich das Recht, daß rechtsstaatliche Verfahren und Zuständigkeiten zur Sicherung der Minderheitenrechte eingehalten werden (due process)[83].

Die praktische Verwirklichung der Demokratie erfordert Formen der Vermittlung des Volkswillens[84]. Die klassische egalitäre Demokratie der französischen Revolution (Verfassung von 1793), aber auch die Volksdemokratie, ist unmittelbare, plebiszitäre Demokratie, in der das Volk weitgehend selbst regiert, sich nur — notgedrungen — vertreten läßt. Die Demokratie der „englischen Freiheit" ist „representative government", in der das Volk nicht selbst regiert, sondern Volksvertreter wählt, welche die Regierungsgeschäfte für sie führen,

---

[80] Scharpf, Fritz W., Die politischen Kosten des Rechtsstaats, Eine vergleichende Studie der deutschen und amerikanischen Verwaltungskontrollen, Tübingen 1970, S. 68; Albert, Traktat, S. 216.

[81] So insbesondere Schumpeter, a.a.O., S. 428; kritisch zum agonalen Prinzip: Forsthoff, Verfassungsprobleme des Sozialstaates, 2. Aufl., Münster 1961, S. 18; auch in: Forsthoff, Rechtsstaat im Wandel, Stuttgart 1964, S. 145-164.

[82] Krüger, Staatslehre, S. 547; Welzel, a.a.O., S. 250f.; Leibholz, Auflösung, S. 9; Radbruch, Rechtsphilosophie, S. 357.

[83] Fikentscher, a.a.O., Bd. 3, S. 539f.

[84] Schelsky, Systemüberwachung, Demokratisierung und Gewaltenteilung, Grundsatzkonflikte in der Bundesrepublik, München 1973, S. 50f.; Jellinek, Staatslehre, S. 566.

3. Die Bundesrepublik als demokratischer Bundesstaat

allenfalls über Alternativen entscheidet[85]. Das Grundgesetz hat sich prinzipiell für die zweite Form entschieden, genauer (da es — vor allem in den Landesverfassungen — Reste unmittelbarer Demokratie gibt) für eine konstitutionelle Mischform.

Carl Schmitt[86] hat gemeint, Identität und Repräsentation seien die grundlegenden politischen Formprinzipien. Die unmittelbare Demokratie strebt Identität von Regierenden und Regierten an. Nur wer sich selbst regiert, ist frei; ein Volk, das sich repräsentieren läßt, ist nicht mehr frei. Bei einem Maximum von Homogenität des Volkes — in nationaler, religiöser oder anderer Hinsicht —, vollzieht sich die Erledigung der politischen Angelegenheiten bei einem Minimum von Regierung sozusagen „von selbst". Imperatives Mandat und die Möglichkeit jederzeitiger Abwahl, Volksentscheid und Referendum sind Kennzeichen der plebiszitären, massiv dezisionistischen Demokratie. In der Demokratie Rousseauscher Prägung erfolgt die Legitimation zentraler Entscheidungen durch das Prinzip der gestuften Delegation und der indirekten Wahlen[87]. In der faschistischen Diktatur akklamiert das Volk unmittelbar der Führungsentscheidung, und in der Volksdemokratie Leninscher Prägung gibt das Volk seine plebiszitäre Zustimmung zu den Akten einer den Volkswillen monopolistisch vertretenden Parteiorganisation. Durch das imperative Mandat wird sichergestellt, daß die von der Partei in die unteren Räte eingespeisten „richtigen" Entscheidungen unverändert die höheren und höchsten Exekutivorgane erreichen. Damit ist der Zirkel vollendet: freie Diskussion in demokratischen Räten bei gleichzeitiger Einheit der Aktion prägen den demokratischen Zentralismus[88]. Gegenüber diesen, vom Grundgesetz abgelehnten, tendenziell totalitären und diktatorischen Formen unmittelbarer Demokratie, die durch die Hypostasierung einer Reihe von Identitäten verschleiern, daß auch in der Demokratie geherrscht wird, erkennt die repräsentative Form[89] der Demokratie an, daß das Volk in Wirklichkeit nicht regiert, sondern primär die Aufgabe hat, Volksvertreter zu wählen und eine handlungsfähige Regierung zu bestellen. Die Regierenden erwerben Herrschaftsbefugnis vermittels eines Konkurrenzkampfes um die Stimmen des Volkes. Das ist die „lebenswahre" Anschauung der modernen

---

[85] Rousseau und Lenin vs Burke und Madison: dazu Fraenkel, Die repräsentative und plebiszitäre Komponente im demokratischen Verfassungsstaat, Tübingen 1958; auch in: Fraenkel, Ernst, Deutschland und die westlichen Demokratien, 4. Aufl., Stuttgart—Berlin 1968, S. 81-140 (Tübingen 1958, S. 5f.); ders., in: Greiffenhagen, Martin (Hrsg.), Demokratisierung in Staat und Gesellschaft, München 1973, S. 104f; Hennis, Wilhelm, Meinungsforschung und repräsentative Demokratie — Zur Kritik politischer Umfragen, Tübingen 1957, S. 38; Scharpf, Demokratietheorie zwischen Utopie und Anpassung, Konstanz 1970, S. 19 m.w.N.; Widmaier, Hans-Peter, Sozialpolitik im Wohlfahrtsstaat, Zur Theorie politischer Güter, Reinbek 1976, S. 70; Kägi, a.a.O., S. 152f.

[86] Verfassungslehre, S. 214.

[87] Carl Schmitt, Verfassungslehre, S. 214; Kägi, a.a.O., S. 172; Kelsen, Demokratie, S. 6; Fraenkel, Universitätstage, S. 9.

[88] Fikentscher, a.a.O., Bd. 3, S. 554f.; Kelsen, Demokratie, S. 114.

[89] Carl Schmitt, Verfassungslehre, S. 218; Radbruch, HdbdDStR, Bd. 1, S. 286.

westlichen Massendemokratie; wie sie vor allem Schumpeters einflußreiche Konkurrenz- und Pluralismustheorie durchgesetzt hat[90]. Kernstück dieser repräsentativen Demokratie, für die sich das Grundgesetz entschieden hat, ist das Verbot der Instruktion (Art. 38 I 2 GG) der im Parlament versammelten Volksvertreter. Die öffentliche Meinung wird vorgeformt und gebündelt durch Parteien[91] und Verbände, welche den Wettbewerb um die Stimmen des Volkes aufnehmen und zugleich die Auslese politischer Führer betreiben (Elitetheorie). Demokratien enthalten in der Regel sowohl plebiszitäre wie repräsentative Elemente[92]. Die repräsentativen Organe — Parlament, Regierung etc. — bestimmen die Staats- und Regierungsform; plebiszitäre Restbestandteile entspringen nicht so sehr identitären Ideologien, sondern dienen der volksunmittelbaren Korrektur gegenüber Entartungen des Parlamentarismus und Erstarrungen des Parteiwesens; das Volk ist damit als eigenständige Kraft in das System von „checks and balances" eingebaut.

d) Repräsentative Demokratie und Parteiendemokratie

Das Grundgesetz hat sich (Art. 20 II, 38, 21 GG) für eine gemischte Form der Demokratie entschieden, und zwar für eine parlamentarisch-repräsentative Demokratie, in deren Verfassungsrecht die Parteien eine tragende Rolle spielen und in deren Verfassungswirklichkeit Verbände und die medienvermittelte öffentliche Meinung zunehmenden Einfluß gewinnen. Zwischen dem repräsentativen Instruktionsverbot (Art. 38 GG) und der institutionellen Garantie der Parteien (Art. 21 GG) besteht ein Spannungsverhältnis. Ein Teil des Unbehagens[93] an der gegenwärtigen parlamentarischen Demokratie rührt daher, daß die Idee der klassisch französischen Vorstellung des souveränen Parlamentes, die Praxis und Gesetzgebung aber dem englischen Modell des Parteien- und Verbändepluralismus entsprechen. Leibholz[94] schließt aus den Interferenzen zwischen Art. 38 und 21 GG, daß bereits ein Strukturwandel von der klassischen liberalen parlamentarischen Demokratie zum massendemokratischen Parteienstaat stattgefunden habe, von der qualitativen Demokratie der besitzenden und gebildeten Bürger zur quantitativen Demokratie der Massen. In der Tat können die gesetzgebenden Körperschaften heute die Funktionen des klassischen Parlamentes nicht mehr erfüllen[95], als oberster Repräsentant der öffentlichen

---

[90] Schumpeter, a. a. O., S. 248.

[91] Downs, Anthony, Ökonomische Theorie der Demokratie (hrsg. von Rudolf Wildenmann), Tübingen 1968, S. 23 f.

[92] Thoma, HdbdDStR Bd. 1, S. 192.

[93] Fraenkel, Strukturdefekte der Demokratie und deren Überwindung, in: Deutschland und die westlichen Demokratien, Stuttgart—Berlin 1968, S. 48-68; auch in: Matz, Ulrich (Hrsg.), Grundprobleme der Demokratie, Darmstadt 1973, S. 368-369 (Stuttgart, S. 99).

[94] Auflösung, S. 51 f. und pass.

[95] Hennis, Meinungsforschung, S. 25, 57 f.; Kaiser, Joseph H., Die Repräsentation organisierter Interessen, Berlin 1956, S. 211; ders., Der politische Streik, 2. Aufl., Berlin 1959, S. 45; Krüger, Staatslehre, S. 561 f.

3. Die Bundesrepublik als demokratischer Bundesstaat

Meinung den Volkswillen im „government by discussion"[96] zu läutern, in einen überparteilichen organischen Gesamtwillen zu überführen und so — zwischen Gesellschaft und Staat stehend — den Staat des Gemeinwohls aus sich herauszusetzen[97]. Wenn diese liberale Vorstellung je mehr als Fiktion gewesen ist, so ist das Parlament heute weitgehend imperativ von gesellschaftlichen Sonderinteressen beeinflußt und im parlamentarischen Regierungssystem selbst Staatsorgan geworden[98]. Es herrscht nicht die Freiheit der Wahrheit, sondern die Freiheit des Kompromisses. Und das ist wesentliches Merkmal des englischen Parlamentes, das in der Staatstheorie vom „government as trust"[99] nicht Herrschaft des Volkes, sondern Herrschaft für das Volk ausübt. Pluralismus und Parteienmacht, Fraktionsdisziplin und Wirksamkeit von pressure groups kennzeichnen dieses Modell einer repräsentativen parlamentarischen Demokratie. Die Parteiendemokratie verzichtet auf die Fiktion eines überparteilichen Gesamtwillens[100], enthüllt das Postulat von der Überparteilichkeit der Regierung als „Lebenslüge des Obrigkeitsstaates"[101]. Das Aufkommen der Parteien war unvermeidlich; deshalb hat das Grundgesetz sie ausdrücklich anerkannt (Art. 21 GG). Sie dienen als Sammelbecken der öffentlichen Meinung[102]. Als Richtungsparteien erarbeiten sie Gemeinwohlkonzeptionen, die sie den Wählern vorlegen. Sie betreiben Führerauslese und -ausbildung und bestreiten mit ihren Organisationen den Wettstreit um die Mehrheit[103]. In der politischen Bildung erfüllen sie einen integrierenden Öffentlichkeitsauftrag. Auch die Parteien befinden sich — wie früher die Parlamente[104] — in einer „Zwischenlage"[105] zwischen Gesellschaft und Staat. Einerseits sind sie privatrechtlich verfaßt und öffnen sich dem freien Zugang der Mitglieder und damit der gesellschaftlichen Kräfte; andererseits sind sie funktionell, organisatorisch

---

[96] Carl Schmitt, Verfassungslehre, S. 214; Fraenkel, Strukturdefekte, S. 99; Hesse, VVDSTRL 17 (1958), S. 19; Forsthoff, Sozialstaat, S. 18.

[97] Krüger, Staatslehre, S. 526 f.

[98] Kaiser, Repräsentation, S. 339.

[99] Fraenkel, Strukturdefekte, S. 101; Schumpeter, a.a.O., S. 427; Hesse, VVDSTRL 17 (1958), 19.

[100] Thoma, HdbdDStR, Bd. 1, S. 193, Kelsen, Demokratie, S. 22.

[101] Radbruch, HdbdDStR, Bd. 1, S. 289.

[102] BVerfGE 2, 1 (14), Radbruch, HdbdDStR, Bd. 1, S. 286, Thoma, HdbdDStR, Bd. 1, S. 190; Kelsen, Demokratie, S. 19, 76; Krüger, Staatslehre, S. 367 f., 399 f.; Hättich, Manfred, in: Innerparteiliche Demokratie und politische Willensbildung, in: Erhard/Brüß/Hagemeyer, Grenzen der Demokratie, Düsseldorf, Wien 1973, S. 185-208 (204); Kaiser, Repräsentation, S. 213, 234; kritisch: Carl Schmitt, Verfassungslehre, S. 219.

[103] Weber, Max und besonders Michels, Robert, Zur Soziologie des Parteiwesens in der modernen Demokratie, Untersuchungen über die oligarchischen Tendenzen des Gruppenwesens, 2. Aufl., Stuttgart 1925, S. 179 f.; dazu Hennis, Meinungsforschung, S. 48.

[104] Schumpeter, a.a.O., S. 427; Kaiser, Repräsentation, S. 24.

[105] Krüger, Staatslehre, a.a.O., S. 378; Habermas, a.a.O., S. 194; Hättich, in: Erhard, S. 185.

und auch soziologisch mit ihrer Bürokratie mehr oder weniger ausgeprägte Einrichtungen des staatlichen Herrschaftsapparates.

Es ist wirklichkeitsfremd[106], sie noch als Sprachrohr des Volkes in der Öffentlichkeit anzusehen: Das Volk ist vielmehr Resonanzboden ihres öffentlichen Wirkens. Der Graben zwischen Staat und Gesellschaft verläuft heute nicht zwischen Parteien und Parlament, sondern zwischen Parteien und Interessengruppen. Die Erkenntnis dieser Verfassungswirklichkeit und das Anerkenntnis der Parteienmacht bei der Bildung der öffentlichen Meinung, der Kandidatenaufstellung, der Kompromißfindung im Parlament, insbesondere durch Prägung des Abgeordnetenverhaltens, hat Leibholz' These veranlaßt, der Artikel 21 GG habe den Artikel 38 GG zum „Leerlauf" verurteilt. Der Schritt von der repräsentativ-parlamentarischen Demokratie des qualitativen liberalen Wettstreites der Meinungen zur mittelbar plebiszitären Parteiendemokratie der quantitativen, egalitären Kollektivität sei bereits vollzogen. Die Parteien seien das Surrogat der plebiszitären Demokratie im modernen Flächenstaat, das Parlament lediglich ein vollziehendes Hilfsorgan[107]. Hennis[108] hat gemeint, das Geheimnis des Erfolges dieser These von der strukturellen Unvereinbarkeit von repräsentativer und Parteien-Demokratie liege im in Deutschland verbreiteten Denkstil, mit den Mitteln des Verfassungsrechtes reine Typen von Verfassungsinstitutionen herauszuarbeiten, um dann deren Unvereinbarkeit in der Verfassungspraxis aufzuweisen. Auch hier geht es darum, die Spannung zwischen den nicht ganz zur Deckung zu bringenden Konstitutionsprinzipien von Art. 38 und 21 GG zu sehen, aufrechtzuerhalten und die gegenseitige Ergänzung zu fördern. Einerseits sind die Parteien für die Funktionsfähigkeit großer Demokratien unentbehrliche Institutionen, die auch im Verständnis des Volkes weitgehend an Stelle von Parlament und Abgeordneten getreten sind; andererseits trägt und repräsentiert der Abgeordnete seine Partei, übt ein öffentliches Amt aus und kann wegen seines Abstimmungsverhaltens nicht diszipliniert werden[109]. Eine Aushöhlung der Repräsentation durch das Plebiszit ist also nicht die zwingende Entwicklung des Parteienstaates. Hingegen ist einer immer latenten Gefährdung der mittelbaren Demokratie durch den Absolutismus des absoluten Mehrheitsprinzips von anderer Seite vorzubeugen. Es gibt Ansätze zur Überwindung der politischen Repräsentation durch unvermittelte gesellschaftliche Repräsentation: in Gestalt der Verbände, Partizipation des einzelnen und der medienvertretenen und -gestalteten öffentlichen Meinung. Ebenso wie Parteien sind auch Verbände als fest organisierte soziale Machtkomplexe, die Gruppeninteressen vertreten, unvermeidlich, für den pluralistischen Meinungswettbewerb sogar

---

[106] Hennis, Meinungsforschung, S. 49.
[107] Auflösung, S. 50 f.; ders., in: Strukturprobleme, S. 85, so auch Habermas, a.a.O., S. 85; kritisch dazu: Ridder, HdbdGrR, Bd. 2, S. 255; Fraenkel, in: Greiffenhagen, S. 107; Hennis, Meinungsforschung, S. 48 f.
[108] Meinungsforschung, S. 9, Fn. 10.
[109] BVerfGE 40, 296 (311, 314); Krüger, Staatslehre, S. 378.

unerläßlich. Während jedoch die Parteien um einen möglichst großen Anteil an verantwortlicher staatlicher Machtausübung kämpfen, verfolgen Verbände mit unpolitischen oder politischen Mitteln die Wahrnehmung ihrer partikulären Interessen, ohne jemals Verantwortung für staatliche Machtausübung zu übernehmen: Die Fähigkeit und Bereitschaft zur Übernahme der Verantwortung ist also die differentia specifica[110]. Wenn es auch de facto Übergänge zwischen gemeinwohlorientierten Parteien und Verbänden gibt — wie den BHE, „Steuervermeidungsparteien", „Grüne" — ist es doch unbestritten, daß private Interessen wohl privatrechtlich vertreten, nicht aber öffentlichrechtlich im Blick auf den Staat repräsentiert werden können[111]. Eine Parallelführung von Parteien und Verbänden[112] sollte also nicht in Betracht gezogen werden.

e) Partizipatorische Demokratiemodelle

Das partizipatorische Modell der Demokratie schließlich beteiligt Kleingruppen von Betroffenen und Interessierten sowie den einzelnen an der politischen Willensbildung. Ziel der Umgestaltung der Demokratie nach diesem Modell ist der klassische Demokratiebegriff der universalpolitischen Teilnahme[113]. In noch stärkerem Maße wird die parlamentarische Demokratie aber heute durch die sich wieder unmittelbar geltend und vernehmbar machende „öffentliche Meinung" unterlaufen. Carl Schmitt[114] hat ihr auf der Grundlage der demokratischen Überlieferung eine ausführliche Darstellung gewidmet. Er hat gezeigt, daß „Öffentlichkeit" und „öffentliche Meinung", „Volk" und „Akklamation" Kategorien der unmittelbaren Demokratie sind. Die „öffentliche Meinung" wird im Parlament repräsentiert, in den Parteien gebildet und artikuliert. Durch die Macht der Massenmedien und der Meinungsumfragen hat „öffentliche", vor allem „veröffentlichte" Meinung aber solch unmittelbares Gewicht erhalten, daß es wieder an der Zeit scheint, sie — wie J. St. Mill und Tocqueville — als eine Macht zu betrachten, die nicht nur kontrolliert, sondern auch der Kontrolle bedarf[115], soll nicht ihr Einfluß — vor allem durch die Herrschaft der

---

[110] Carl Schmitt, HdbdDStR, Bd. 2, S. 589; Kelsen, Demokratie, S. 47f; Habermas, a.a.O., S. 161, 228.

[111] Kaiser, Repräsentation, S. 363.

[112] So aber (durch die analoge Anwendung des Art. 21 GG) Ridder, in: HdbdGrR, Bd. 2, S. 257 m.w.N., ferner Habermas, a.a.O., S. 228f.

[113] Dazu Naschold, Frieder — Narr, Wolf-Dieter, Theorie der Demokratie, Teil 3, Stuttgart, Berlin 1971, S. 28f.; Bachrach, Peter, Die Theorie demokratischer Eliteherrschaft, Eine kritische Analyse, Frankfurt/M. 1970, S. 26; und pass.; ferner Etzioni, Amitai, The Active Society, New York 1968, deutsch unter dem Titel: Die aktive Gesellschaft, Opladen 1975, S. 406f., 519f.

[114] Verfassungslehre, S. 220f., 242f.; ferner Kaiser, Repräsentation, S. 218f., 267f.; Fraenkel, Universitätstage, S. 16; Habermas, a.a.O., S. 243.

[115] Nachweise bei Habermas, a.a.O., S. 243.

demokratisch nicht legitimierten Meinungsproduzenten[116] — in einem plebiszitären Mißverständnis enden[117].

Die Grundrechte-Demokratie als Staatsform ist Grundlage der Regierungsform des Parlamentarismus[118]. Genauer: Das Grundgesetz ist die Verfassung eines (konstitutionellen) parlamentarischen Regierungssystems auf parlamentarisch-repräsentativer Grundlage, geprägt durch die liberal-rechtsstaatlichen Prinzipien der Gewaltenteilung und die Grundrechtegarantie.

f) Die parlamentarische Demokratie

Die parlamentarische Demokratie erweist sich als eine Verschränkung des demokratischen Prinzips der Volksherrschaft mit den Prinzipien des liberalen Rechtsstaates. Die eigentümliche Verbindung der politischen und der rechtsstaatlichen Verfassung kennzeichnet die Demokratie als Regierungsform. Das parlamentarische Regierungssystem zeichnet sich in seiner demokratischen Komponente dadurch aus, daß der Souverän nicht — wie in der unmittelbaren Demokratie — selbst regiert, sondern durch das Parlament lediglich an der Regierung beteiligt ist, die Staatsführung konstituiert, legitimiert und kontrolliert. Die liberal-rechtsstaatliche Komponente der Gewaltenteilung liegt eben darin, daß Parlament und Regierung — wenn man die Justiz zunächst außer Betracht läßt —, die beide (unmittelbar oder mittelbar) das Volk repräsentieren, voneinander abhängig sind, gleichwohl als eigenständige Staatsgewalten verpflichtet sind, selbständig die Staatszwecke zu erfüllen[119]. Die Regierung wird vom Parlament gewählt (Art. 63 GG) und ggf. abgewählt (Art. 67 GG). Das Parlament beschließt die Gesetze (Art. 77 GG), unter demokratischem Verständnis als Ausdruck der volonté générale, im rechtsstaatlichen Sinne nach dem Prinzip vom Vorrang und Vorbehalt des Gesetzes. Das Parlament ermächtigt und kontrolliert die Regierung mit Hilfe des Budgets — ein historisch vorwiegend der demokratischen Quelle entspringendes Recht — und ist in sonstiger Form an der Staatsführung beteiligt (Art. 54, 59 II GG). Das Parlament ist von der Regierung verfassungsrechtlich abhängig durch deren Auflösungsrecht (Art. 63 IV, 68 I GG), vor allem aber politisch durch den Umstand, daß die Regierung die sie tragende Parlamentsmehrheit nach außen repräsentiert, nicht nur, aber auch im Blick auf die Wahlen. Wechselseitige Abhängigkeiten zwischen Parlament und Justiz bestehen durch Gesetzentscheidung (Art. 20 II GG), Richterwahl (Art. 94 I GG), Normenkontrolle (Art. 93 I 2, 100 GG) und andere.

---

[116] Schelsky, Arbeit, pass.
[117] Hennis, Meinungsforschung, S. 38.
[118] Thoma, HdbdDStR, Bd. 1, S. 194, 503; Carl Schmitt, Verfassungslehre, S. 216; Wolff, Organschaft, Bd. 1, S. 483.
[119] Heckel, HdbdDStR, Bd. 2, S. 389; Schelsky, Arbeit, S. 35, zur Struktur der „checks ans balances" im einzelnen Carl Schmitt, Verfassungslehre, S. 304f.

Es ist darüber gestritten worden, ob der so in den Grundzügen geschilderte Parlamentarismus selbständige politische Form oder (lediglich) Regierungsform sei. Carl Schmitt[120] hat einen Gegensatz zwischen Demokratie und Liberalismus gesehen, und zwar vom Standpunkt der plebiszitären Demokratie, die er gegen einen „verschimmelten Parlamentarismus" ausspielte. Der Parlamentarismus sei lediglich ein System der Verwertung und Mischung verschiedener Regierungs- und Gesetzgebungsformen im Dienste der Aufrechterhaltung eines labilen Gleichgewichtes, er sei das politische System des liberalen Bürgertums: „Gegenüber den politischen Ansprüchen einer starken monarchischen Regierung machte das Bürgertum die Rechte des Parlamentes, d.h. der Volksvertretung, also demokratische Forderungen, geltend; gegenüber einer proletarischen Demokratie suchte es Schutz bei einer starken monarchischen Regierung, um bürgerliche Freiheit und Privateigentum zu retten. Gegenüber Monarchie und Aristokratie berief es sich auf Prinzipien der Freiheit und Gleichheit, gegenüber einer kleinbürgerlichen oder proletarischen Massendemokratie auf die Heiligkeit des Privateigentums und einen rechtsstaatlichen Gesetzesbegriff"[121]. Der „Streit um den Parlamentarismus" gehört weitgehend der Verfassungsgeschichte an; Carl Schmitt wollte den Durchbruch zur reinen Identität der akklamierenden Demokratie; die Monarchie ist vergangen, die Demokratie hat sich durchgesetzt. Ob der Parlamentarismus politische oder Regierungsform ist: jedenfalls ist er auch der Massendemokratie angemessene und vom Grundgesetz gewollte Form der Staatswillensbildung. Sie vollzieht sich vorwiegend durch ein demokratisch gewähltes Kollegialorgan nach dem Mehrheitsprinzip[122], findet aber in Freiheitsrechten von einzelnen und Minderheiten ihre unübersteigbare Schranke; diese Freiheitsrechte sind vorzüglich durch die Gewaltenteilung gesichert. So ist das parlamentarische System auch im demokratischen und sozialen — nicht nur im konstitutionell-monarchischen — Staat die der Grundrechte-Demokratie entsprechende Form gemäßigter Staatsmacht.

g) Bundesstaat und Selbstverwaltung

Wesentlicher Teil der politischen Verfassung ist die bundesstaatliche Gliederung (Art. 20 I, 28, 29, 30, 70, 83, 91 a/b, 104 a I GG). Zu Recht hat Wimmer[123] festgestellt, daß der Föderalismus nicht nur Dezentralisation, Binnenorganisation, Zuständigkeitsordnung, sondern — gerade im kooperativen Bundesstaat — auch die Staatszwecke selbst umschreibende Sachordnung, etwa im Sinne der landsmannschaftlichen Gliederung oder des Subsidiaritätsprinzips, ist. Damit ist auch der vielfach als typischer Bestandteil der (nur) organisatorischen

---

[120] Verfassungslehre, S. 304f., 309.
[121] a.a.O., S. 309.
[122] Kelsen, Parlamentarismus, S. 5.
[123] Wimmer, Norbert, Materiales Verfassungsverständnis, Wien—New York, 1971, S. 130.

Verfassung angesehene Bundesstaat Arbeitsgebiet eines materialen Verfassungsverständnisses[124], an Hand dessen Ergebnisse die Zuständigkeitsbestimmungen zu interpretieren sind. Allerdings muß die Legitimation gerade des Föderalismus im Lichte der anderen Verfassungsgrundentscheidungen stets neu überdacht werden. Im Zusammenhang mit der rechtsstaatlichen und übrigen politischen Verfassung des Grundgesetzes ergibt sich die Legitimation des Bundesstaates aus seiner Sinngebung als optimales Ordnungsprinzip zur Verwirklichung von sozialer Rechtsstaatlichkeit, freiheitlicher Demokratie und verfahrensmäßiger Effektivität[125]. Das Subsidiaritätsprinzip[126], das — christlicher Soziallehre entstammend — auch den Föderalismus stützt, verbürgt Vielfalt, Teilnahme und Effizienz. Das Spannungsfeld zwischen Homogenität und Individualität, gemeinsamem Grundwerteverständnis und „politischen Experimenten", kennzeichnet föderalistische Pluralität[127], die Freiheitsräume schafft und erhält. Vor allem ist Bundesstaatlichkeit ein wesentlicher Baustein freiheitssichernder vertikaler Gewaltenteilung[128], die viele „Hüter der Verfassung"[129] schafft, Gruppen- und Individualfreiheit bewahren hilft. Vergleichbares gilt für die kommunale[130] (Art. 28 II GG) und Verbands- (etwa Art. 9 III GG) Selbstverwaltung sowie Formen von staatsdistanzierter Autonomie zur Erledigung von Sachaufgaben (wie bei Rundfunkanstalten und Hochschulen: Art. 5 I, III GG). Föderalismus und kommunale Selbstverwaltung werden im unitarischen Bundesstaat in ihrer Pluralität aufrechterhaltenden, machtkontrollierenden Funktion heute sogar weitgehend von Gruppen- und Interessenföderalismus[131] abgelöst, und die Selbständigkeit, Sachautorität und Teilnahme verbindende institutionelle Selbstverwaltung entspricht in hohem Maße den Grundentscheidungen für Freiheit und Demokratie.

4. Das Grundgesetz als Verfassungstypus

Wenn die sozial-rechtsstaatliche Verfassung des Grundgesetzes im Kern Verhältnisordnung, die demokratisch-politische Verfassung Organisationsordnung ist, so werden beide miteinander zur Einheit verschmolzen in Artikel 79

---

[124] So schon Triepel, Heinrich, Staatsrecht und Politik, Berlin und Leipzig 1927, S. 10 (zum Verständnis von [verfassungsrechtlichem] Bundesstaat und [politischer] Hegemonie); Smend, Abhandlungen, S. 223 (Bundesstaat als sachlicher Integrationsfaktor); Kägi, a.a.O., S. 48 (organischer Aufbau des Ganzen aus seinen Teilen); Kaiser, Repräsentation, S. 18 (Föderalismus als Hindernis für „Big Government").

[125] Tiemann, Burckhard, Gemeinschaftsaufgaben von Bund und Ländern in verfassungsrechtlicher Sicht, Berlin 1970, S. 317.

[126] ders., a.a.O., S. 314f.; Menger, in: Forsthoff, Rechtsstaatlichkeit, S. 68.

[127] Morstein Marx, Fritz, Amerikanische Verwaltung, Berlin 1963, S. 42.

[128] Kägi, a.a.O., S. 48; Carl Schmitt, Verfassungslehre, S. 389.

[129] Kägi, a.a.O.

[130] Wolff-Bachof, a.a.O., Bd. 1, § 16 I.

[131] Kaiser, Repräsentation, S. 18.

4. Das Grundgesetz als Verfassungstypus

GG, der Grundnorm des Grundgesetzes als materialer Wertordnung ist. Artikel 79 I, II GG enthalten Vorschriften über die Änderung des Grundgesetzes, Artikel 79 III GG bestimmt die Unverfügbarkeit der elementaren Prinzipien des Grundgesetzes der Grundentscheidung über die Art und Form der politischen Existenz des Deutschen Volkes. Die Absätze I und II einerseits, Absatz III andererseits scheiden essentialia/naturalia und accidentialia — constituent und amending power — des Grundgesetzes: Verfassungsgebung/Verfassungswechsel und Verfassungsänderung, Totalrevision und Partialrevision, Verfassung und Verfassungsgesetz.

a) Art. 79 Abs. 3 GG als „axiomatische Ewigkeitsentscheidung"

Nach 79 I, II GG sind Verfassungsänderungen möglich; der Gesetzgeber hat also eine Kompetenz zur Partialrevision. Verfassungsändernde Gesetze sind jedoch an die Revisionsvorschriften und an die in Absatz III genannten Grundprinzipien gebunden. Damit wird Verfassungsänderung zu einer begrenzten verfassungsmäßigen Kompetenz, wie es der folgerichtig entwickelte normative Sinn der Verfassung verlangt. Nach Absatz III sind jedoch die elementaren Prinzipien der rechtsstaatlichen und demokratischen Verfassung von Verfassungs wegen jeder Änderung durch die politischen Gewalten entzogen, was nichts anderes bedeutet, als daß das Prinzip der rechtlichen Verfassung über das der Volkssouveränität gestellt wird[132]. Art. 79 III GG enthält in der Bestimmung, im Kern unantastbar zu gelten, die Basisentscheidung, die Entscheidung des pouvoir constituent unter der Rechtsidee[133]. Artikel 79 III GG ist eine „axiomatische Ewigkeitsentscheidung"[134] und nichts anderes als die Dogmatisierung des Verfassungsfundamentes[135]. Nach wohl richtiger Auffassung wurde in Art. 79 III GG die von Carl Schmitt[136] entwickelte Lehre von den immanenten Grenzen jeder Verfassungsänderung durch den pouvoir constituée rezipiert. Art. 79 III GG ist — in der Terminologie Carl Schmitts — kein Verfassungsgesetz und wurde nicht vom Verfassungsgesetzgeber erlassen, sondern ist die „positive Verfassung", die vom souveränen pouvoir constituant transpositiv-existentiell so entschieden wurde. Art. 79 III GG ist absolutistisch gedachter Vorbehalt des souveränen Staatswillens für jede Tätigkeit der Staatsorgane und des Staatsvolkes selbst. Das Bundesverfassungsgericht[137] hat

---

[132] Hesse, Die normative Kraft der Verfassung, Tübingen 1959, S. 20.

[133] BVerfGE 2, 1 (12f.); E 5, 85 (139); Steinberger, a.a.O., S. 6; Badura, a.a.O., S. 32; Mestmäcker, Ernst-Joachim, Über Mitbestimmung und Vermögensverteilung, Alternativen zur Umverteilung von Besitzständen, Tübingen 1973, S. 9.

[134] Dürig, Günter, Verfassung und Verwaltung im Wohlfahrtsstaat, in: JZ 1953, S. 193-199 (197); und ders., in: Maunz/Dürig/Herzog/Scholz, a.a.O., Art. 1 Rn. 9.

[135] Kägi, a.a.O., S. 62f., 161.

[136] Verfassungslehre, S. 24, 104; ders., HdbdDStR, Bd. 2, S. 79 und S. 600; so auch Forsthoff, Rechtsstaat im Wandel, S. 213, ablehnend gegen Schmitts Lehre: Thoma, in: HdbdDStR, Bd. 1, 154, der die „Verfassung" als „Wunschrecht" bezeichnet; im einzelnen auch Contiades, a.a.O., S. 48, 101.

ausgeführt, in Artikel 79 III GG sei die bewußte Lösung eines Grenzproblems der freiheitlich demokratischen Staatsordnung zu sehen. Es ist ein Grenzproblem jeder freiheitlichen Verfassung: Jede freiheitliche Demokratie muß ihre Grenzen abstecken und diese Markierung legitimieren. Wenn innerhalb einer Gesellschaft eine pluralistische Gruppe die Wertordnung im Namen etwa höherer Interessen und Werte in Frage stellt: gibt es da eine verifizierbare, intersubjektiv einsichtige Wertskala metaphysischer Qualität, oder ist diese Frage sinnlos? Da es — wie gezeigt — keine religiösen oder metaphysischen oder wissenschaftlich verbindlich begründbaren Letztwerte gibt, muß der Verfassungsgeber Position beziehen: und der Grundgesetzgeber hat sich unter dem Richtigkeitspostulat für die Staatsidee der streitbaren, die Freiheit verteidigenden Verfassung entschieden, dem von St. Just und den Jakobinern vertretenen Grundsatz „keine Freiheit für die Feinde der Freiheit" ebenso folgend wie der angelsächsischen Staatsidee der „ordered liberty"[138]. Art. 79 III GG bedeutet nicht — wie Luhmann meint[139] — Mangel an Vertrauen in die Fähigkeit, politische Verantwortung für das Recht zu übernehmen, sondern ist Entscheidung für Toleranz und gegen zerstörerischen Agnostizismus. Die in Art. 79 III GG getroffene Grundwertentscheidung hat Bedeutung für die Scheidung von Verfassungstreue und Verfassungsfeindschaft ebenso wie für Probleme des politischen Eides und Hochverrates; die Änderung ihres Gehaltes bewirkt Verfassungswechsel, nicht Verfassungsrevision[140].

In der Aufzählung der Elemente der Verfassungsgrundentscheidung nennt Art. 79 III GG zunächst den Föderalismus, wenngleich die Staatsgliederung nach ihrem materiellen Wertgehalt nachrangig ist. Kern der Wertentscheidung ist die in Art. 1 GG verankerte Unverfügbarkeit des Menschen[141], ihr folgt die die Menschenwürde explizierende Entscheidung für die Staatsstruktur des republikanischen und demokratischen, sozialen Rechtsstaates[142] (Art. 20 GG [mit Art. 28 GG]).

Die genannten Bestandteile des Art. 79 III GG bilden aber ihrerseits eine materiale Einheit. Wenn auch explizit nur auf „die in den Artikeln 1 und 20 niedergelegten Grundsätze" abgehoben wird, so ist damit der materiale Kern des Grundgesetzes insgesamt umschrieben, der für seine Identität als geschicht-

---

[137] BVerfG 5, 85 (139).

[138] Steinberger, a.a.O., S. 9f., S. 11 (zum US-Antisubversionsrecht der "Mc Carthy-Ära"), S. 89.

[139] Luhmann, Niklas, Vertrauen, Ein Mechanismus der Reduktion sozialer Komplexität, Stuttgart 1968, S. 204.

[140] Carl Schmitt, Verfassungslehre, S. 27f.

[141] Bachof, in: Forsthoff, Rechtsstaatlichkeit, S. 211; Ermacora, Felix, Menschenrechte in der sich wandelnden Welt, 1. Bd.: Historische Entwicklung der Menschenrechte und Grundfreiheiten, Wien 1974, S. 27; Steinberger, a.a.O., S. 21-84.

[142] von Mangoldt/Klein, a.a.O., S. 1894; Huber, in: Forsthoff, Rechtsstaatlichkeit, S. 260; Gerber, in: Forsthoff, Rechtsstaatlichkeit, S. 349.

lich konkrete Grundordnung maßgebend ist[143]. Manche[144] halten es für keinen Zufall, daß in der begrifflichen Erfassung dieser Einheit als „freiheitlich demokratische Grundordnung" (Art. 20 I mit II, II und 18 GG) die Entscheidung für Freiheit vor der Demokratie rangiert. Das Bundesverfassungsgericht[145] bestimmt sie „als eine Ordnung, die unter Ausschluß jeglicher Gewalt- und Willkürherrschaft eine rechtsstaatliche Herrschaftsordnung auf der Grundlage der Selbstbestimmung des Volkes nach dem Willen der jeweiligen Mehrheit und der Freiheit und Gleichheit darstellt". Andere halten die begriffliche Zusammenfassung der Prinzipien im „demokratischen und sozialen Bundesstaat" für die den materialen Gehalt besser treffende. Das Minimum der sozialen Demokratie sieht Abendroth[146] in der Pflicht zur öffentlichen Daseinsvorsorge und der demokratischen Teilhabe nicht nur im Staat, sondern auch in der Gesellschaft. Einig ist man sich darin, daß rechtsstaatliche Sicherheit, soziale Verpflichtung und demokratische Selbstbestimmung, zur Einheit verbunden, unwiderruflich, der Änderung und Aufhebung entzogen, die Identität des Grundgesetzes prägen[147].

b) Der Verfassungstypus

Mit der Festlegung auf die freiheitlich-soziale, republikanisch-demokratische Ordnung hat das Grundgesetz sich — verfassungstheoretisch gesprochen — für einen bestimmten Staatstypus, eben den der Grundrechte-Demokratie, entschieden. Mit dem Begriff „Typus" soll hier das Anschaulich-Allgemeine, über die Einzelheiten hinweg Kennzeichnende der Verfassungsordnung des Grundgesetzes bezeichnet werden[148]. Die Rede vom Verfassungstyp ermöglicht es, auf

---

[143] BVerfGE 6, 32 (41); E 21, 362 (371); Hollerbach, Alexander, in: Die verfassungsrechtlichen Grundlagen des Staatskirchenrechts, in: HdbdStKirchR, Bd. 1, Berlin 1975, S. 215-265 (253); Maunz/Dürig/Herzog/Scholz, a.a.O., Art. 1 Rn. 9; Hesse, Lehrbuch, S. 4.

[144] Schelsky, Mehr Demokratie oder mehr Freiheit?, in: Systemüberwindung, Demokratisierung, Gewaltenteilung — Grundsatzkonflikte der Bundesrepublik, München 1973, S. 50 m.w.N.

[145] E 2, 1 (12, 13).

[146] In: Forsthoff, Rechtsstaatlichkeit, S. 140.

[147] BVerfGE 1, 14 (49, 61), (Südweststaat-Urteil); von Mangoldt/Klein, a.a.O., S. 9; Maunz/Dürig/Herzog/Scholz, a.a.O., Art. 1 Rn. 9.

[148] Zum Typus: Larenz, Karl, Methodenlehre der Rechtswissenschaft, 5. Aufl., Berlin—Heidelberg 1983, S. 138, 200f.; Tillich, Paul, Religionsphilosophie, Stuttgart 1962, S. 13; Freyer, Hans, Theorie des objektiven Geistes — Eine Einleitung in die Kulturphilosophie, unveränd. Nachdruck der 3. Aufl. 1934, Darmstadt 1966, S. 135; Diemer, Alwin, Was heißt Wissenschaft?, Meisenheim a. Glan, 1964, S. 25; Fikentscher, a.a.O., Bd. 3, S. 656f.; Forsthoff, Begriff und Wesen des sozialen Rechtsstaates, in: VVDSTRL 12 (1953), Berlin 1954, S. 8-36; auch in: Forsthoff, Ernst (Hrsg.), Rechtsstaatlichkeit, Darmstadt 1968, S. 165-200, VVDSTRL These XV; Carl Schmitt, Verfassungslehre, S. VII und 130; Kägi, a.a.O., S. 128; Marti geht a.a.O., S. 96 bis zu den (C. G. Jung'schen) „Archetypen" — dem freiheitlichen Rechtsstaat als „Männerbund", dem

der Stufenleiter zunehmender Abstraktion vom Individuellen über das Typische bis zum Allgemeinbegriff, dem „Gesetz", im Speziellen die Gestalt des Generellen zu erkennen, in der zeitlichen Entwicklung „Dauer im Wechsel"[149], „Einheit im Wandel" festzuhalten. Damit ist auch schon der verfassungstheoretische und -rechtliche Nutzen typologischen Denkens bezeichnet: Der Typus hat hermeneutischen Wert, erleichtert oder ermöglicht den Verfassungsvergleich und ist damit wesentliches Hilfsmittel der Auslegung und Anwendung. Die Feststellung, das Grundgesetz ordne den Staat dem Typ der Grundrechte-Demokratie zu, erhält ihren Sinn durch die Entgegensetzung zu anderen Staats- und Verfassungsarten[150]. So — in der Gegenüberstellung das Wesentliche spiegelnd — erlaubt typologisches Denken, gewisse notwendige Folgerichtigkeiten festzustellen[151]: etwa bestimmten Staatstypen bestimmte Grundrechtsformen zuzuordnen[152], von der Entscheidung für den Rechts- oder Sozialstaat auf gewisse Befugnisse von Legislative und Exekutive zu schließen. Wenngleich der Typus also seine eigene Gesetzlichkeit entwickelt, muß vor zwei Übertreibungen typologischen Denkens gewarnt werden: weder darf aus dem Typus deduziert werden, statt die konkrete Verfassung zu interpretieren, noch darf der typologische Befund so überhöht, idealisiert und hypostatiert werden, daß Abschattungen des „reinen Typs" als typ- (und damit verfassungs-)widrig erscheinen und Spielraum der Interpretation verlorengeht[153].

Unter diesen Vorbehalten läßt sich feststellen, daß sich der Typ einer Verfassung — wie des Grundgesetzes — mit Hilfe dreier Kriterien bestimmen läßt: der Wert-, Verhältnis- und Organisationsordnung:

— Wie steht die Verfassung zur Frage der Letztwerte, der Sinndeutung von Gesellschaft und Staat, der Maßstäbe für individuelles und öffentliches Handeln: pluralistisch-tolerant-„wertoffen" oder totalitär-intolerant-„wertgeschlossen"?[154].
— Wie sieht die Verfassung die gesellschaftliche und staatliche Ordnung: ist Gesellschaft, individualistisch gedacht, vom einzelnen her zu sehen, sind Gesellschaft und Staat[155] gedanklich getrennt, oder ist der einzelne, in

---

Archetypus des „Großen Vaters" entsprechend, und dem Staat der sozialen Sicherheit, dem „Weiblichen", dem Archetypus der „Großen Mutter" entsprechend — zurück.

[149] Meinecke, Friedrich, Die Entstehung des Historismus, 4. Aufl., München 1965, S. 503, 541.

[150] Carl Schmitt, Verfassungslehre, S. 13.

[151] Carl Schmitt, HdbdDStR, Bd. 2, S. 578, 604.

[152] Huber, in: Forsthoff, Rechtsstaatlichkeit, S. 9.

[153] Hennis, Verfassung und Verfassungswirklichkeit — ein deutsches Problem, Tübingen 1968, S. 9; auch in: Die mißverstandene Demokratie, Freiburg 1973, S. 53-120 (Verfassung, S. 9).

[154] Tenbruck, Friedrich H., Wahrheit und Mission, in: Baier, Horst (Hrsg.), Freiheit und Sachzwang (Festschrift für Helmut Schelsky), Opladen 1977, S. 49-86 (80f.); Schelsky, Systemüberwindung, S. 49; ders., Arbeit, S. 108f.

4. Das Grundgesetz als Verfassungstypus

kollektivistischer Sicht, nur Teil der Gesellschaft, sind Staat und Gesellschaft fusioniert, weil diese in jenem oder jener in dieser verschwindet?
— Kennt die Verfassung einen grundrechtlich verbürgten Freiraum des einzelnen und demokratische Selbstbestimmung, oder schreibt ein diktatorischer Machtstaat dem einzelnen das Maß vor?[156]

Mit Hilfe dieser Kriterien lassen sich zwei „reine" Verfassungstypen und zahlreiche „gemischte" beschreiben[157], wobei der letztgenannte Begriff nur bedeutet, daß die Verfassung Bauelemente der reinen Typen je besonders auswählt und kombiniert, nicht aber, daß unklare Eklektik beschrieben würde.

Der erste „reine Typ" ist der der wertgeschlossenen, herrschaftsvereinigenden Verfassung ohne Grundrechtsschutz, der messianische, missionarische, totalitäre Staat der Gesinnungsdiktatur, als totaler Staat oder totale Gesellschaft: konkretisiert etwa im Wohlfahrtsstaat der Einparteienherrschaft.

Der zweite „reine" Typ ist der der wertneutralen, liberalistischen laissez-faire Demokratie: die Verfassung ist nichts als Spielregel, innerhalb deren sich Politik nach dem unbeschränkten Mehrheitswillen vollzieht: konkretisiert etwa im frühliberalen „Nachtwächterstaat" des repräsentativen Parlamentarismus oder der konstitutionellen Monarchie. Demgegenüber sind „gemischte", dualistische, gerade nicht monistische Typen solche, die bestimmte Grundwerte anerkennen, aber ihre Fortentwicklung und Verbesserung ermöglichen, die individuelle Freiheit zulassen, aber Sozialität gewähren und Solidarität anregen, die die Staatsmacht hemmen und balancieren, aber nicht primär zum Zweck der Schwächung des Staates, sondern um der Stärkung durch Wettstreit und der Integration willen.

Zur Gruppe dieser „gemischten" Verfassungen gehört die freiheitlich-soziale, demokratische Ordnung des Grundgesetzes[158]. Auf der einen Seite ist sie Verfassung eines liberalen Rechtsstaates der parlamentarischen Demokratie. Der säkulare Staat erkennt die Glaubens- und Meinungsfreiheit als fundamen-

---

[155] Quaritsch, Helmut, Staat und Souveränität, Bd. 1: Die Grundlagen, Frankfurt 1970, S. 20-38; Weinacht, Paul Ludwig, Staat, Studien zur Bedeutungsgeschichte des Wortes von den Anfängen bis ins 19. Jahrhundert, Berlin 1968, S. 15 und pass.; Skalweit, Stephan, Der „moderne" Staat, Ein historischer Begriff und seine Problematik, Opladen 1975, pass.; Landgrebe, Ludwig, Der Streit um die philosophischen Grundlagen der Gesellschaftstheorie, Opladen 1975, S. 40; Schelsky, Arbeit, S. 103.

[156] Marti, a.a.O., S. 63; Carl Schmitt, HdbdDStR Bd. 2, S. 578; Huber, in: Forsthoff, Rechtsstaatlichkeit, S. 9.

[157] Fraenkel, Universitätstage, S. 14.

[158] Forsthoff, Umbildung, S. 35; Schindler, a.a.O., S. 133; Zacher, Aufgaben einer Theorie der Wirtschaftsverfassung, in: Wirtschaftsordnung und Rechtsordnung, Festschrift zum 70. Geburtstag von Franz Böhm, hrsg. von Helmut Coing, Heinrich Kronstein, Ernst Joachim Mestmäcker, Karlsruhe 1965, S. 63-109; auch in: Die staatliche Einwirkung auf die Wirtschaft, Wirtschaftsrechtliche Aufsätze 1946-1970, hrsg. von Ulrich Scheuner, Frankfurt/M. 1971, S. 549-591 (Festschrift S. 77f. m.w.N.).

tale Grundrechte (Art. 4, 5 GG) des Bürgers an: die Beantwortung der Sinnfrage, die Lebensorientierung — sei es aus Religion, Metaphysik oder Wissenschaft — ist Privatsache[159]. Das Grundgesetz verpflichtet den Staat hier zur Neutralität. Individualgrundrechte und Assoziationsfreiheit prägen den Privat- und Gesellschaftsbereich; das Ausmaß der Staatsaufgaben und der öffentlichen Verwaltung hängt davon ab, wie weit privat und privatwirtschaftlich für die gemeinsamen Bedürfnisse gesorgt werden kann[160]. Die Staatsgewalt ist kein Ziel an sich, sondern dient primär der Freiheit der Bürger. Das instrumentelle Gefüge des Grundgesetzes entstammt als rechtsstaatliche Verfassung dem 19. Jahrhundert und weicht zur Adaptierung an die inzwischen veränderten Verhältnisse von der streng liberalen Formentypik ab[161], etwa in den Artikeln 15 und 21 GG.

c) Die Entscheidung für die soziale Grundrechte-Demokratie

Die „freiheitlich demokratische Grundordnung" (Art. 21 II, 18 GG)[162] entspricht als Rechtsstaat demokratischer Willensbildung weitgehend dem Typus des bürgerlich liberalen Rechtsstaates auf demokratischer gewaltenbeschränkender Grundlage.

Auf der anderen Seite enthält das Grundgesetz Elemente eines Wohlfahrtsstaates der Massen- und Mehrparteiendemokratie. Der Sozialauftrag (Art. 20 I GG) ist moralisches Fundament des Staates; seine Erfüllung verbürgt Legitimation und Erfolg der demokratischen Ordnung[163]. Damit ist eine Grundwertentscheidung getroffen. Der einzelne ist nicht allein privatem Risiko ausgesetzt, sondern erfreut sich sozialer Hilfe und eines Ausgleiches im wirtschaftlichen und kulturellen Bereich; der daseinsvorsorgende Staat leistet dazu einen wesentlichen Beitrag. Die Zugeständnisse der Verfassung[164] an die veränderte soziale Wirklichkeit sind evident: sie liegen eben in der sozialen Rechtsstaatlichkeit des Art. 20 I GG, den sozialen Einschränkungen individueller Freiheitsentfaltung (Art. 14 II, III, 15 GG), der verfassungsrechtlichen Absicherung des Parteienstaates in Art. 21, der Anerkennung der Verbände (Art. 9 GG) und vielen Formen der mitbestimmenden, „demokratischen" Teilnahme in Staat und Gesellschaft[165]. Die sozialstaatliche Transformation des bürgerlichen Rechts-

---

[159] Tenbruck, a.a.O., S. 76, 81; Schelsky, Arbeit, S. 128.

[160] Wolff-Bachof, a.a.O., Bd. 1 § 2 II; Habermas, a.a.O., S. 96; Schelsky, System, S. 50; ders., Arbeit, S. 108.

[161] Forsthoff, Umbildung, S. 35.

[162] BVerfGE 2, 1 (12); Carl Schmitt, Verfassungslehre, S. 8, 37, 41; Leibholz, Gleichheit, S. 51, Auflösung, S. 28.

[163] Tenbruck, a.a.O., S. 82; Schelsky, Arbeit, S. 111.

[164] Forsthoff, Umbildung, S. 35; Leibholz, Auflösung, S. 50f.; Carl Schmitt, Verfassungslehre, S. 30f., 125f.; Schelsky, Arbeit, S. 112.

4. Das Grundgesetz als Verfassungstypus

staates und die Ablösung der auf Bildung und Besitz ruhenden Honoratiorendemokratie ist offenkundig. Der „demokratische und soziale Rechtsstaat" (Art. 28 GG) entspricht dem Typus des Wohlfahrtsstaats mit mittelbarer Mit- und Selbstbestimmung in Gesellschaft und Staat[166].

Erst wenn man die genannten Elemente und die dahinterstehenden Typen zusammen sieht und die historische Entwicklung der deutschen Staatlichkeit berücksichtigt, kann man die „gemischte" Verfassung des Grundgesetzes zutreffend kennzeichnen, als die Verfassung eines pluralistischen wertoffenen Staates der gewaltenbeschränkenden Demokratie. Es ist der Verfassungstypus des westlichen Konstitutionalismus[167]. Der pluralistische Staat ist weltanschauungsneutral, er bietet keine geschlossene Konzeption, aber er ist nicht wertneutral, wie Art. 1 GG, das „Soziale" in Art. 20 GG und Art. 79 III GG zeigen. Das Grundgesetz ermöglicht und erfordert kritische Diskussion um Werte und Ziele der Politik, es ist dialogische Verfassung, die — in weit gezogenen Grenzen — „den Zweifel heiligt"[168]. Die Trennung von Staat und Gesellschaft ist in der Verfassung verankert, wie schon der vorangestellte Grundrechtsteil zeigt[169]. Die Beschränkung der Staatsaufgaben ist ein typischer Aspekt einer instrumentalen Staatsauffassung[170]; es gilt der Grundsatz „in dubio pro libertate". Die organisatorische Verfassung ist mit ihrem System der Funktionenverflechtung und der Bundesstaatlichkeit nicht Instrument ordnungsimmanenter „Bewahrung und Bewährung"[171], sondern Mittel der Sicherung eines Dialoges, der auch grundsätzliche Ordnungsfragen umfaßt. In der wertoffenen, dialogsichernden Grundrechte-Demokratie wird notwendig die freiheitlich rechtsstaatliche, demokratisch soziale Grundordnung selbst unmittelbar Gegenstand des pluralistischen Wettbewerbes von Parteien und Gruppen um die jeweilige Interpretation und Konkretion[172], wie noch zu zeigen sein wird.

---

[165] Leibholz, a.a.O., S. 51; Grauhan, Grenzen, S. 29; Habermas, a.a.O., S. 194; Offe, Claus, Politische Herrschaft und Klassenstrukturen, in: Widmaier, Hans Peter, Politische Ökonomie, Frankfurt/M. 1974, S. 264-293 (278).

[166] Badura, a.a.O., S. 32; Krüger, Staatslehre, S. 391; Abendroth, in: Forsthoff, Rechtsstaatlichkeit, S. 135; Habermas, a.a.O., S. 250f.

[167] Fikentscher, a.a.O., Bd. 3, S. 331, 621f.; Tenbruck, a.a.O., S. 80; Carl Schmitt, Verfassungslehre, S. 38; Krüger, Staatslehre, S. 178f.; Schelsky, System, S. 94.

[168] Steinberger, a.a.O., S. 260f.; Fikentscher, a.a.O., Bd. 3, S. 331, 607; Acham, Karl, Wissenschaftliche Politikberatung aus der Sicht der analytischen Philosophie, in: Maier, Hans—Ritter, Klaus—Matz, Ulrich, Politik und Wissenschaft, München 1971, S. 53-138 (110, 133).

[169] Böckenförde, Ernst Wolfgang, Der deutsche Katholizismus im Jahre 1933, in: Hochland, 53. Jahrg. 1960/61, S. 215-239 (237).

[170] Fikentscher, a.a.O., Bd. 3, S. 331.

[171] So der Titel von E. R. Hubers Aufsatzsammlung: Bewahrung und Bewährung, Studien zur deutschen Staatstheorie und Verfassungsgeschichte, Berlin 1975, vgl. auch das Vorwort.

[172] Abendroth, in: Forsthoff, Rechtsstaatlichkeit, S. 131.

Allerdings vollzieht sich der für den sozialen und demokratischen Rechtsstaat lebensnotwendige Dialog nur im Rahmen des Art. 79 III GG. Das Überschreiten der hier gezogenen Grenzen ist unzulässiges Eindringen in die Gebiete der „reinen" Verfassungstypen[173].

d) Absage an liberalistische und totalitäre Verfassungstypen

Das Grundgesetz ist eine Absage an jede Form des ideologischen Monismus — wozu auch der agnostische Standpunkt gehört — und jede gewaltenvereinigende Herrschaftsform — wozu auch die unmittelbare Demokratie gehört. Als „wehrhafte Demokratie" verlangt das Grundgesetz, den ständig von den ausgeschlossenen reinen Typen der Staatsordnung drohenden Gefahren zu wehren, die deshalb nicht gering geachtet werden dürfen, weil alle „gemischten" Formen der Versuchung der Klärung in „reine" Formen, jedes „Balancierende" dem Risiko des „Absturzes" ausgesetzt ist. Das Grundgesetz ist zunächst eine Absage an den liberalistischen Staat[174], in dem Freiheit mißverstanden und mißbraucht wird. Im manchester-liberalen Staat wird die Selbstsucht nicht sozial überformt, sondern mit der Illusion bemäntelt, das Gesamtwohl stelle sich automatisch, ganz ohne staatliches Eingreifen ein. Das Risiko wird dem einzelnen, auch dem Schwachen, nicht abgenommen; jeder hat die Freiheit, „unter den Brücken von Paris zu schlafen" (Anatol France). Ein „Nachtwächterstaat", der (fast) alles dem Spiel der gesellschaftlichen Kräfte überläßt, sich im Grenzfall nur auf den Schutz der privaten Freiheiten beschränkt, ist nicht der „soziale Rechtsstaat" des Grundgesetzes. Das Grundgesetz ist eine Absage an den diesen liberalistischen Freiheitsbegriff verteidigenden Staat. Ebensowenig ist eine Rückkehr zur wertneutralen, „selbstmörderisch toleranten" (Weimarer) Demokratie möglich. Das Grundgesetz ist aber auch eine Absage an den Gegentypus des autoritären diktatorischen Wohlfahrtsstaates[175]. Der (ideologisch) totalitäre Staat „kennt" das Gemeinwohl und vertritt es missionarisch[176]. Sein Schlüsselbegriff ist bestenfalls Befreiung, nicht Freiheit. Es ist der Staat, der

---

[173] Fechner, in: Forsthoff, Rechtsstaatlichkeit, S. 80; Steinberger, a.a.O., S. 259; Bachof, in: Forsthoff, Rechtsstaatlichkeit, S. 233; Leibholz, Auflösung, S. 47, 69f.; Tenbruck, a.a.O., S. 80f., Schelsky, Arbeit, S. 36.

[174] Fechner, in: Forsthoff, Rechtsstaatlichkeit, S. 80, extrem liberalistisch aber noch die „Risikofreudigkeit" Martis (a.a.O., S. 96) und das unerschütterliche Vertrauen auf die Ordnungskraft der „invisible hand" bei von Hayek, Friedrich August von, Wissenschaft und Sozialismus, Tübingen 1979, S. 16: ders., Weg zur Knechtschaft (The Road to serfdom), München 1976, S. 36f.; ders., Individualismus und wirtschaftliche Ordnung, 2. Aufl., Salzburg 1976, S. 15f.; ders., Law, Legislation and Liberty, A New Statement of the Liberal Principles of Justice and Political Economy, Vol. 1: Rules and Order, Chicago 1973, S. 94f., Vol. 2: The Mirage of Social Justice, Chicago 1976, Vol. 3: The Political Order of a Free People, London 1979.

[175] Fechner, in: Forsthoff, Rechtsstaatlichkeit, S. 80; Fikentscher, a.a.O., Bd. 3, S. 607.

[176] Fikentscher, a.a.O., Bd. 3, S. 630; Steinberger, a.a.O., S. 260f.

4. Das Grundgesetz als Verfassungstypus

den einzelnen der Gemeinschaft unterordnet, ihn in Pflicht nimmt, ihm nicht auch — und vor allem — das Recht einräumt, eine eigene, auch „falsche" Meinung zu haben, nicht mitmachen zu wollen. Es ist der (faschistische) Staat, der zur „Selbstorganisation der Gesellschaft"[177] wird oder die (marxistische) Gesellschaft, die den Staat auf lange Sicht überflüssig machen soll[178].

Beide Staatstypen nehmen umfassende Wohlfahrtsaufgaben wahr[179]. Beide Staatstypen herrschen (letztere einstweilen) diktatorisch, d.h. gewaltenvereinigend, letztlich schrankenlos. „Diktatorisch" können ein einzelner oder eine Minderheit (etwa eine Partei) herrschen, die der Mehrheit ihren Willen aufzwingen; „diktatorisch" kann aber auch eine Mehrheit herrschen, die (plebiszitär) entscheidet, ohne Minderheitenschutz zu gewähren. In beiden Fällen sind die „Offenheit" des Werte-Dialoges und die Mäßigung der Machtausübung verloren[180].

Es ist zutreffend, daß sich das Grundgesetz mit dieser Zementierung der Grundrechte-Demokratie und der Absage an die reinen Typen der liberalistischen Demokratie wie der ideologischen, machtvereinigenden Herrschaft, in der Basisentscheidung des Art. 79 III GG also, absolut setzt. Diese Grundwertentscheidung richtet sich vor allem gegen den Mißbrauch der grundgesetzlichen, grundrechtlichen Freiheit (Art. 18 GG). Die These jedoch, eine solche, die monistischen, wertgeschlossenen, universalistischen Systeme ablehnende Demokratie sei die Umkehr der Grundrechte-Demokratien verfolgenden totalitären Systeme, ist — wie Fikentscher[181] mit großer Entschiedenheit meint — theoretisch und praktisch falsch. Die These ist theoretisch unrichtig, denn in der (erkenntnistheoretisch) problemoffenen Demokratie des Grundgesetzes (Art. 4, 5, 20, 21 GG) gilt die Vermutung für Pluralität; in (erkenntnistheoretisch) geschlossenen Systemen gilt die Vermutung für die „richtige Meinung". Die These ist aber auch praktisch unzutreffend: denn die Demokratie des Grundgesetzes bekämpft nur diejenigen, die — hätten sie die Macht — die Andersdenkenden im Zweifel bekämpfen würden; ideologische Systeme aber verurteilen diejenigen, die — hätten sie die Macht — die Andersdenkenden im Zweifel nicht verurteilen würden. Mit anderen Worten: Die Grundrechte-Demokratie des Grundgesetzes braucht nur intolerant zu sein gegen die Intoleranten, messianische Systeme müssen aber intolerant sein auch gegen die Toleranten.

---

[177] Carl Schmitt, Positionen und Begriffe im Kampf mit Weimar—Genf—Versailles, 1923-1938, Hamburg 1940, S. 152; dazu Leibholz, Auflösung, S. 69; Böckenförde, Hochland, S. 237.

[178] Dazu im einzelnen Leibholz, Auflösung, S. 47; Gerber, in: Forsthoff, Rechtsstaatlichkeit, S. 380f.; Böckenförde, Hochland, S. 237.

[179] Kägi, a.a.O., S. 47; Gerber, in: Forsthoff, Rechtsstaatlichkeit, S. 380; Klages, Helmut, Wohlfahrtsstaat als Stabilitätsrisiko, in: Baier, Horst (Hrsg.), Freiheit und Sachzwang (Festschrift für H. Schelsky), Opladen 1977, S. 192-207 (192); Schelsky, Arbeit, S. 30.

[180] Fikentscher, a.a.O., Bd. 3, S. 540.

[181] a.a.O., Bd. 3, S. 632, dazu auch das BVerfGE im „KPD-Urteil" (E 5, 85 [206]).

Die latente Gefährdung der offenen dialogischen Demokratie droht sowohl „von oben" — vom Staat her —, aber auch „von unten" — vom einzelnen, mächtigen Institutionen und Verbänden her[182].

Gegen diese Gefahren muß sich der grundrechts-demokratisch-verfaßte Staat wehren: vor allem durch (integrierenden) Wettstreit um Verständnis und Interpretation der freiheitlich sozialen, demokratisch-rechtsstaatlichen Verfassung in der Zeit, dem Institutionen, Organisation und Verfahren nur dienen können[183].

---

[182] Schelsky, Arbeit, S. 36.
[183] Fikentscher, a.a.O., Bd. 3, S. 632; Starck, Freiheit und Organisation, S. 7f.

II. Auslegung und Anwendung der Grundentscheidungen des Grundgesetzes

1. Zur Methodik der Verfassungsauslegung

a) Verfassungsauslegung und -anwendung

Aufgabe der Verfassungsauslegung und -anwendung ist es, zum Zwecke der Lösung eines bestimmten Problems den Sinn des Grundgesetzes zu erschließen, die Rechtsfrage mit Hilfe der Verfassungsbestimmungen zu entscheiden und dabei dafür Sorge zu tragen, daß die Wertordnung der Verfassung „offengehalten" wird, die Frage nach dem Inhalt grundgesetzlicher Grundwerte[184] also möglich — und notwendig — bleibt. Die Methode der Grundgesetzinterpretation gehört als Kunstlehre zur Verfassungstheorie; ob die ausgelegten und angewandten Verfassungsbestimmungen „richtig", legitim, gerechtfertigt sind, ist eine davon zu trennende — und hier bereits behandelte — Frage der Politischen und Rechts-Philosophie und -Theologie. Allerdings gehen Auslegungsfragen — gewollt oder ungewollt — in rechtsphilosophische über[185], und Erich Kaufmann pflegte in der Vorlesung stets zu betonen, daß jede juristische Frage schon nach einigen wenigen Denkschritten zu einer religiösen werde[186].

Verfassungsmethodenlehre ist zunächst Rechtsmethodik, welche sich mit der Rechtsauslegung und -anwendung befaßt. Rechtsanwendung erfordert im Grundsatz drei Gruppen von Erkenntnisakten[187]: die Feststellung des Lebenssachverhaltes (des Problems); die Feststellung des Inhaltes der anzuwendenden Rechtssätze (die Auslegung) und die Feststellung der Rechtsfolge (die Subsumtion des Sachverhaltes unter die Norm, die Anwendung der Norm auf den Sachverhalt). Hauptproblem der Rechtsanwendung ist die Vermittlung zwischen der Allgemeinheit der Norm und der Konkretheit des Sachverhaltes. Da sich sowohl Lebenssachverhalte wie Normenverständnis mit der Zeit wandeln, muß die Jurisprudenz — über die systematische Vermittlung in der „Vertikalen" hinaus — auch den historischen Aspekt, die „Horizontale" — mit berücksichtigen; das geschieht in der Rechtsfortbildung[188], welche für die Auslegung und Anwendung des Verfassungsrechtes von besonderer Bedeutung ist. Die Ausle-

---

[184] Fikentscher, a.a.O., Bd. 1, S. 20.
[185] Larenz, a.a.O., S. 227.
[186] Fikentscher, a.a.O., Bd. 1, S. 17.
[187] Wolff-Bachof, a.a.O., Bd. 1 § 28 III; Larenz, a.a.O., S. 225; Fikentscher, a.a.O., Bd. 3, S. 659.
[188] Fikentscher, a.a.O., Bd. 3, S. 266; kritisch: Kägi, a.a.O., S. 82f.

II. Anwendung der Grundentscheidungen des Grundgesetzes

gung erfolgt stets im Blick auf die Anwendung, sei es, daß aus der Norm deduktiv die Problemlösung entnommen wird, sei es, daß der Sachverhalt sozusagen Anlaß zur vermittelnd-konkretisierenden Rechtsauslegung bietet, sei es schließlich, daß — wie im angelsächsischen case-law — die Norm induktiv vom Fall her und für den Fall gebildet wird. Jede so zustandegekommene Normanwendung ist ferner zugleich Fortbildung des Rechtes, und jedes neue Problem gibt Anlaß, das Recht fortzubilden. Letztlich lassen sich also die gedanklich zu unterscheidenden Schritte von Rechtsauslegung, -anwendung und -fortbildung schwer voneinander trennen, bilden einen einheitlichen Vollzug[189]. Aber dieser Befund ist — wie sich zeigen wird — schon selbst ein Stück Rechtsphilosophie. Das Ausgeführte gilt auch für die Auslegung von Verfassungsrecht und also für Auslegung und Anwendung der freiheitlich demokratischen Grundordnung des Grundgesetzes. Verfassungsrechtsmethodik unterscheidet sich jedoch (nicht unbestritten) von Rechtsmethodik durch den Umstand, daß sie „politisches Recht"[190] zum Gegenstand hat. Wie immer man den „politischen Gehalt" versteht — ob als grundlegende Wertentscheidung, Richtlinie, Dezision, Freund-Feind-Orientierung, Integrationsordnung —: Verfassungsrecht ist nicht, wie unterverfassungsrechtliche Gesetze und Verordnungen, primär schrankenziehendes, begrenzendes, sondern die Gesamtordnung des Staates konstituierendes Recht. Das Staatsrecht zu entpolitisieren hieße nichts anderes, als es zu entstaatlichen. Die besondere, das Staatsleben fundierende Aufgabe des Verfassungsrechtes hat Konsequenzen für seine methodische Handhabung. Auslegung und Anwendung unterscheiden sich nicht prinzipiell, aber graduell von der allgemeinen Rechtsauslegung. Viele Verfassungsnormen stehen Gesetzesrecht an sprachlicher Klarheit und inhaltlicher Präzision nicht nach, andere — gerade die Staatsstrukturbestimmungen — sind vage, unscharf, werthaltig, beinhalten eher Programme und Zielformeln als unmittelbar anwendbares Recht[191]. Auch ist der Gesamtzusammenhang der Verfassung — die Entscheidung für die Grundrechte-Demokratie als einen Staatstypus — bei der Auslegung von Einzelbestimmungen im Auge zu behalten; aus diesem „Vorrang

---

[189] Fikentscher, a.a.O., Bd. 3, S. 657f.; Esser, Joseph, Grundsatz und Norm in der richterlichen Fortbildung des Privatrechts, 2. Aufl., Tübingen 1964, S. 253; Thoma, HdbdDStR, Bd. 1, S. 5; Radbruch, Der Geist des englischen Rechts, 4. Aufl., Göttingen 1958, S. 13, 35 (zum case law).

[190] Seit Triepel, a.a.O., S. 12, wieder unbestritten, in Überwindung des staatsrechtlichen (Gerber/Laband/Kelsen-)Positivismus und Konstruktivismus; dazu auch Thoma, HdbdDStR, Bd. 1, S. 4f.; Forsthoff, Neubildung, S. 36; Carl Schmitt, Verfassungslehre, S. 12; Krüger, Staatslehre, S. 293; Sternberger, Begriff, S. 9; Fikentscher, a.a.O., Bd. 1, S. 3f.; Ehmke, Horst, Grenzen der Verfassungsänderung, Berlin 1953, S. 103.

[191] Menger, in: Forsthoff, Rechtsstaatlichkeit, S. 43; Bachof, in: Forsthoff, Rechtsstaatlichkeit, S. 217; Schmidt, Reiner, Wirtschaftspolitik und Verfassung, Grundprobleme, Baden-Baden 1971, S. 97f; Fikentscher, a.a.O., Bd. 2, S. 269, Bd. 3, S. 686; Müller, Friedrich, Normstruktur und Normativität, Zum Verhältnis von Recht und Wirklichkeit in der juristischen Hermeneutik, entwickelt an Fragen der Verfassungsinterpretation, Berlin 1966, pass., vor allem S. 202f.

1. Zur Methodik der Verfassungsauslegung

der Totalität vor der einzelnen Norm"[192] können sich Rangverschiedenheiten innerhalb der Verfassung ergeben. Wenn das alles auch nicht heißen kann, daß man in der Interpretation mit Verfassungsnormen freier umspringen kann, das „Politische" vorschnell in die Auslegung einfließen lassen darf, so muß man Verfassungsrecht doch anders behandeln und den politischen Gehalt beachten, woraus sich nicht zuletzt die besondere Aufgabe und Bedeutung der Verfassungsgerichtsbarkeit ergibt[193]. Wegen der Weite, Unbestimmtheit und Werthaltigkeit sind viele Verfassungsnormen auch nur in engen Grenzen unmittelbarer Anwendung durch Exekutive und Judikative zugänglich. In der Regel muß der Gesetzgeber konkretisierend tätig werden. Andererseits geht jedenfalls die Wirkung, auch wohl die Aufgabe der Anwendung von Verfassungsnormen über den Einzelfall hinaus, erfaßt einen weiteren Anwendungsbereich[194]. Weil Kennzeichen der Verfassung als politischen Rechtes die besondere, vitale Stärke der Interessen im Anwendungsbereich ist, der Interessen von Parteien, Verbänden etc., die selbst den Staat tragen und sich nicht einfach von ihm und seinem (Grund-)Recht bändigen lassen wie die einen oder anderen Interessen im normalen bürgerlichen oder Strafrecht, muß Verfassungsanwendung mit einer gewissen Flexibilität auf Veränderungen in der politischen Wirklichkeit reagieren. Daraus folgt — als Befund und rechtsfortbildende Aufgabe — auch eine gewisse geltungssichernde Dynamik des Verfassungsrechtes in der Zeit[195], die soweit führen kann, daß gewisse Rechtsinstitute — wie etwa die Wohnungszwangswirtschaft[196] — zu einer Zeit als verfassungskonform, zu einer anderen als verfassungswidrig gelten müssen. Schließlich führen die notwendige Anpassung der Normen an die Wirklichkeit und ihren Wandel in der Zeit zu einer die Verfassungseffizienz stärkenden Verschmelzung des Auslegungs-, Anpassungs- und Rechtsfortbildungsprozesses, der in den übrigen Rechtsgebieten kaum eine Entsprechung findet.

b) Verfassungsrecht als „politisches Recht"

Gewiß findet diese Qualifizierung des Verfassungsrechtes als „politisches Recht", die tiefgreifende methodische Konsequenzen hat, nicht allgemeine

---

[192] Smend, Abhandlungen, S. 79.
[193] Smend, Abhandlungen, S. 24; Wittmayer, Regierung und Verwaltung, Grundsätze und Übersicht, in: HdbdDStR, Bd. 2, Berlin 1975, S. 330-341 (330f.); Triepel, a.a.O., S. 32; Kägi, a.a.O., S. 29; Wimmer, a.a.O., S. 5; Hennis, Verfassungswirklichkeit, S. 359; Krüger, Staatslehre, S. 710; Bachof, in: Forsthoff, Rechtsstaatlichkeit, S. 221; Contiades, a.a.O., S. 18; Häberle, a.a.O., S. 102, 218.
[194] Schindler, a.a.O., S. 47; Müller, Normstruktur, S. 114; Wimmer, a.a.O., S. 94; Diederichsen, a.a.O., S. 15; Rupp, Hans-Heinrich, Grundgesetz und „Wirtschaftsverfassung", Tübingen 1974, S. 17; Dürig, JZ 1953, 195; Krüger, Staatslehre, S. 700; Fikentscher, a.a.O., Bd. 2, S. 269.
[195] Smend, Abhandlungen, S. 242 („fließende Geltungsfortbildung"); Fikentscher, a.a.O., Bd. 1, S. 13.
[196] Rupp, Wirtschaftsverfassung, S. 17.

Zustimmung. Kägi[197] u. a. meint, hinter der betonten (und überbetonten) „Besonderheit" oder „Eigenart" der Auslegung des Verfassungsrechtes verberge sich in vielen Fällen lediglich die Tendenz, die normative Kraft der Verfassung zu relativieren. Diese Kritik verbindet sich mit um die Reduzierung von Wertauseinandersetzungen überhaupt bemühten neopositivistischen Ansätzen, ist sich jedenfalls in der Zurückdrängung des „(Verfassungs-)Richterrechtes" einig. Gleichwohl wird man feststellen können, daß in der gegenwärtigen verfassungsmethodischen Literatur und der Rechtsprechung des Bundesverfassungsgerichtes das Bemühen um eine „offene" Verfassungs-[198] auslegung und -anwendung überwiegt: Offen für den Wandel des Wertverständnisses, offen für die faktischen Verhältnisse, offen schließlich auch für den Wandel von Normprogramm und Anwendungsbereich in der Zeit. Die ganz überwiegende Meinung interpretiert das Grundgesetz mit Hilfe klassischer und hermeneutischer Methoden als materiale Wertordnung, konkretisiert die Norm dialektisch mit Blick auf die Verfassungsanwendung und kämpft für die Geltungsmehrung einer dynamischen Verfassung durch Rechtsfortbildung. In diesem methodischen Vorgehen einig, gibt es zwei konkurrierende normative Ansätze: Der eine versteht die grundgesetzliche Grundrechte-Demokratie noch als Typus der liberal-rechtsstaatlichen Demokratie, der andere bezeichnet jenen als „konservativ", sich selbst als „fortschrittlich" und sieht im Grundgesetz schon den Typus eines demokratischen Sozialismus verwirklicht. Unterschiede in Ziel und Methode, Schranken aus Methode und Artikel 79 III GG werden aber dann deutlicher, wenn die Punkte des Konsenses — die Anerkennung des Grundgesetzes als materialer, dialektischer und dynamischer Verfassung — noch näher beleuchtet worden sind.

c) Aufgaben der Verfassungsauslegung

Aufgabe der Verfassungsauslegung[199] ist es zunächst, den Sinn einer Grundgesetzbestimmung — wenn ihre Bedeutung nicht ganz zweifelsfrei ist — in der Weise festzustellen, daß sie zur Lösung des Problems, das ihre Anwendung fordert, einen möglichst überzeugenden, entscheidenden Beitrag leisten kann. Das ist bei der überwiegenden Zahl der Bestimmungen — etwa im organisatorischen Verfassungsteil — mit dem traditionellen Handwerkszeug der Rechtsauslegung zu bewerkstelligen. Die systematisch-deduktive Methode, die, nach dem klassischen „Viererkanon" vorgehend[200], den grammatischen, logischen, syste-

---

[197] a.a.O., S. 65f., 120, 146 in pass., vor ihm der (ältere) Positivismus, Jellinek (Staatslehre, S. 520), der der Staatsverfassung lediglich erhöhte formelle Geltungskraft zuerkannte, nach ihm der (Neo-)Positivismus Forsthoffs, vor allem: Umbildung, pass.

[198] Zurückgehend auf Schulz, Fritz, Prinzipien des römischen Rechts, Vorlesungen, München—Leipzig 1943, S. 12, 44; dazu auch Fikentscher, a.a.O., Bd. 2, S. 60, 68f.; ders., a.a.O., Bd. 3, S. 410, 701.

[199] Zur jüngsten Entwicklung Diederichsen, a.a.O., S. 51; Fikentscher, a.a.O., Bd. 3, S. 67; Larenz, a.a.O., S. 298f; Müller, Juristische Methodik, 2. Aufl., Berlin 1976, S. 47f.

1. Zur Methodik der Verfassungsauslegung

matischen und historisch-genetischen Inhalt der Norm ausfindig macht, ist Ausgangspunkt jedes interpretatorischen Ansatzes. Es liegt jedoch auf der Hand, daß mit ihrer Hilfe der Gehalt solcher Begriffe wie „Republik", „sozialer Rechtsstaat", „freiheitlich demokratische Grundordnung" nicht hinreichend ausgeschöpft werden kann[201], abgesehen von der richtigen Beobachtung, daß gerade im Blick auf die Verfassung als politisches Recht das positivistische Vertrauen auf das Gesetz, welches die axiomatisch-logische Methode trug, nicht wiederherzustellen ist[202]. Gerade bei solchen Grundentscheidungen, wie sie Art. 1, 2, 3 und auch 5 III, 18, 21 GG enthalten, muß man darüber hinaus wissen, welchem konkreten Zweck sie dienen, welche Interessen, Tendenzen sie fördern, welche sie bekämpfen, negieren, widerlegen sollen. Das leistet die axiologisch-teleologische Auslegung, mit der die Grundgesetzinterpretation an die durch Smend, Triepel, Kägi eingeleitete Wiederentdeckung der „politischen Kräfte" unter der Weimarer Reichsverfassung anknüpft[203]. Die durch die bürgerlich-rechtliche Zweck- und Interessenjurisprudenz geschulte Methode bemüht sich, objektiv-teleologische Kriterien — wie das Gebot verfassungskonformer Auslegung, Gesichtspunkte einer „Natur der Sache", auch rechtsethische Prinzipien — zur Aufhellung der Bedeutung einer Norm für eine bestimmte Problemlösung fruchtbar zu machen. Rechtssoziologie und Rechtstatsachenforschung helfen bei der Aufbereitung des zugrundeliegenden Sachverhaltes, treffen aber keine Entscheidung aus eigener Autorität. Diese wird vielmehr in durchaus noch positivistischer Weise durch Subsumtion getroffen[204], und deshalb wird die Interessenjurisprudenz als „jüngere klassische Methode" fast allgemein akzeptiert.

---

[200] BVerfGE 11, 126 (129); Triepel, a.a.O., S. 37; Wimmer, a.a.O., S. 7f., 93f.; Forsthoff, Problematik, S. 36; Hesse, Lehrbuch, S. 22f; Fikentscher, a.a.O., Bd. 3, S. 668; Wolff-Bachof, a.a.O., Bd. 1 § 28 III; Contiades, a.a.O., S. 110, 116; Carl Schmitt, Der Begriff des Politischen, Text von 1932 mit einem Vorwort und drei Corollarien, Berlin 1963, S. 31; zur historisch-genetischen Methode vor allem Engisch, Karl, Die Idee der Konkretisierung in Recht und Rechtswissenschaft unserer Zeit, 2. Aufl., Heidelberg 1968, S. 95; Wolff, in: Rechtsgrundsätze und verfassungsgestaltende Grundentscheidungen als Rechtsquellen, in: Bachof, Otto (u.a.) (Hrsg.), Forschungen und Berichte aus dem öffentlichen Recht, Gedächtnisschrift für Walter Jellinek, München 1955, S. 51; Leibholz, Der Status des Bundesverfassungsgerichtes, in: JöR, N.F., 6 (1957), S. 109-221 (110); Contiades, a.a.O., S. 114.

[201] Carl Schmitt, Begriff des Politischen, S. 31; Wimmer, a.a.O., S. 32; Forsthoff, Umbildung, S. 36.

[202] Diederichsen, a.a.O., S. 7f.

[203] Triepel, a.a.O., S. 39; Smend, Abhandlungen, S. 123 und pass.; Kägi, a.a.O., S. 137f.; Thoma, HbdDStR, Bd. 1, S. 6; ders., Die juristische Bedeutung der grundrechtlichen Sätze der deutschen Reichsverfassung im allgemeinen, in: Nipperdey (Hrsg.), Die Grundrechte, Bd. 1, Berlin 1929, S. 1-53 (9); Wimmer, a.a.O., S. 23; Canaris, Hans-Wilhelm, Systemdenken und Systembegriff in der Jurisprudenz entwickelt am Beispiel des deutschen Privatrechts, Berlin 1969, S. 2, 40f.; Forsthoff, Umbildung, S. 37; Fikentscher, a.a.O., Bd. 3, S. 677; Wolff-Bachof, a.a.O., Bd. 1 § 28; Rupp, Wirtschaftsverfassung, S. 18.

[204] Diederichsen, a.a.O., S. 51.

II. Anwendung der Grundentscheidungen des Grundgesetzes

d) Die Wertjurisprudenz

Dabei ist jedoch die Verfassungsinterpretation nicht stehengeblieben. Als Wertjurisprudenz überspringt sie vielmehr die in den Verfassungsnormen enthaltenen Interessenwertungen und -abwägungen und sieht es als ihre Aufgabe an, unmittelbar zur Verwirklichung der verfassungsrechtlichen Werte — wie „Gerechtigkeit", „Gleichheit", „Sozialstaatlichkeit" — vorzustoßen. Historisch und erkenntnistheoretisch als materialer Stoß gegen eine „gereinigte", „sinnentleerte" Verfassungstheorie erklärlich[205], sieht die Wertjurisprudenz[206] in der Fortentwicklung der Zweck- und Interessenjurisprudenz im Grundgesetz ein lückenloses Wert(-schutz)system, einen Katalog von Leitbildern, Aufträgen und Weisungen, nicht nur eine „streibare", sondern auch eine „zielgerichtete" Verfassung[207]. In der Spielart einer „abstrakten Wertungsjurisprudenz"[208] geht es der materialen Methode noch um die Wertung als solche, welche das Einfließen pluralistischer Gesichtspunkte erleichtert; als aus religiösen und philosophischen Traditionen entstammende „konkrete Wertungsjurisprudenz"[209] findet sie Anschluß an ältere naturrechtliche Positionen. Wiederum ist es die Staatsphilosophie, die das Verfassungsrecht schafft; Aufgabe von Interpretation ist es, „Gerechtigkeit zu verwirklichen". Methodisch reichen die „klassischen Methoden" (auch um die teleologischen erweitert) zur Erschließung und handhabbaren Zubereitung solcher Grundwerte nicht mehr aus. Zwar versuchen Rechtslogik und -informatik[210], Rechtssemantik und -semiotik[211] noch eine normimmanente Wertrationalisierung; es überwiegen jedoch die (von Smend „geisteswissenschaftlich"[212] genannte, in Wirklichkeit) sozial- und politikwissenschaftliche Methode der anwendungsorientierten Bedeutungserschließung und die philosophisch-hermeneutischen[213] Verfahren der

---

[205] Wimmer, a.a.O., S. 75.

[206] Fikentscher, a.a.O., Bd. 3, S. 379; Wimmer, a.a.O., S. 14; Hennis, in: Bergedorfer Gesprächskreis, Wissenschaftliche Experten und Politische Praxis — Das Problem der Zusammenarbeit in der heutigen Demokratie, Protokoll Nr. 23, Hamburg—Berlin 1967, S. 19; Schmidt, a.a.O., S. 101, 107; Hesse, Lehrbuch, S. 49.

[207] Maunz/Dürig/Herzog/Scholz, a.a.O., Bd. 1, Abs. 1, Rn. 1ff., Art. 2, Abs. 1, Rn. 5f. (lückenloses Wertschutzsystem); Ehmke, Prinzipien der Verfassungsinterpretation, in: VVDStRL 20 (1963), S. 53-98 (71) (zur „streitbaren" Verfassung); Lerche, Peter, Übermaß und Verfassungsrecht, Zur Bindung des Gesetzgebers an die Grundsätze der Verhältnismäßigkeit und der Erforderlichkeit, Köln—Berlin 1961 (225) (Verfassung als „Rechtsgutgemälde"); Hennis, Bergedorfer, S. 19 (Bundesverfassungsgericht als „Hüter des Verfassungsauftrages").

[208] Fikentscher, a.a.O., Bd. 3, S. 405 (Westermann, Wieacker, Esser, Larenz).

[209] Fikentscher, a.a.O., Bd. 3, S. 416 (Kronstein, Mestmäcker, Biedenkopf, Kaufmann).

[210] Klug, Ulrich, Juristische Logik, 3. Aufl., Berlin—Heidelberg 1966 pass.; Rödig, Jürgen (Hrsg.), Studien zu einer Theorie der Gesetzgebung, Berlin, Heidelberg 1975, pass.

[211] Schreckenberger, a.a.O., S. 158f.

[212] Smend, Abhandlungen, S. 163.

Werterhellung. Damit haben auch metaphysisch-religiöse sowie (sollensorientierte) Naturrechts- und (seinsorientierte) „Natur der Sache"-Ansätze wieder Einzug[214] gehalten und die Rechts- und Verfassungsmethodik in ganzer Breite Anschluß an den Stand der allgemeinen Wissenschaftstheorie[215] gewonnen.

e) Verfassungsanwendung

Ebenso wie die Auslegung bereitet auch die Anwendung der materialen Verfassung Schwierigkeiten; insbesondere ist die Geltungskraft der Staatsstrukturbestimmungen, der „großen Generalklauseln", Gegenstand heftiger Kontroversen in Judikaten und Schrifttum. — Unbestritten ist zunächst, daß der organisatorische Teil des Grundgesetzes als „technisches Gesetzesrecht" unmittelbar anwendbar und bindend ist[216]. So werden etwa die Kompetenzbestimmungen des Bund-Länder-Verhältnisses nach wie vor klassisch — unter Heranziehung des Wortlautes und der Entstehungsgeschichte ausgelegt und strikt angewandt, wenngleich auch hier in jüngsten Verfassungsgerichtsentscheidungen materiale Gesichtspunkte durchschlagen und zu Abweichungen führen. Auch die Grundrechte sind nach Artikel 1 III GG unmittelbar anwendbares Recht. Der Streit, der sich an der Positivität und Aktualität des 2. Hauptteiles der Weimarer Reichsverfassung entzündet hatte[217], ist also von Verfassungswegen beigelegt. Er hat sich auf die Geltungskraft der Staatsziel- und -formbestimmungen sowie die rechtliche Bedeutung der Präambel verlagert[218]. Je entschiedener in ihr (wie in den Artikeln 20, 28, 79 III GG) die materialen Höchstwerte

---

[213] Fikentscher, a.a.O., Bd. 3, S. 429, 705; Hruschka, Joachim, Das Verstehen von Rechtstexten, Zur hermeneutischen Transpositivität des positiven Rechts, München 1972, S. (10f.); Forsthoff, Umbildung, S. 36 (der Wert hat seine „besondere Logik"); Dilthey, Wilhelm, Der Aufbau der geschichtlichen Welt in den Geisteswissenschaften, hrsg. von Manfred Riedel, Frankfurt/M. 1970, S. 267f.; Gadamer, Hans Georg, Wahrheit und Methode, Grundzüge einer philosophischen Hermeneutik, 2. Aufl., Tübingen 1965, S. 307f.

[214] Wimmer, a.a.O., S. 71; Steinberger, a.a.O., S. 262; Gutzwiller, a.a.O., S. 134f.; zur Kritik: Klug, Die reine Rechtslehre von Hans Kelsen und die formalistische Rechtfertigung der Kritik an dem Pseudoschluß vom Sein auf das Sollen, in: Law, State and International Legal Order, Essays in Honor of Hans Kelsen, Wien 1964, S. 154f.

[215] Dazu Wuchterl, Kurt, Methoden der Gegenwartsphilosophie, Bern und Stuttgart 1977, pass.

[216] Forsthoff, in: Forsthoff, Rechtsstaatlichkeit, S. 170.

[217] Dazu Carl Schmitt, HdbdDStR, Bd. 2, S. 585f., 598f.; Triepel, a.a.O., S. 9.

[218] Dazu vor allem Contiades, a.a.O., S. 103f.; Esser, Grundsatz, S. 86; Rumpf, Helmut, Der ideologische Gehalt des Bonner Grundgesetzes, Karlsruhe 1958, S. 16; auch BVerfGE 5, 85 (197) („KPD-Urteil"); die Staatsstrukturbestimmungen gelten als „verfassungsrechtliche Leitgrundsätze" (Scheuner); „Staatszielbestimmungen" (Ipsen); „Staatsfundamentalnormen" (Nawiasky); „verfassungsgestaltende Grundentscheidungen" und „Rechtsgrundsätze" (Wolff); „Verfassungsdirektiven" und „Verfassungsaufträge" (Lerche); Contiades bildet (a.a.O., S. 101) nicht weniger als zehn Kategorien.

des Grundgesetzes verankert gesehen werden, desto wichtiger wird die Frage, welche Funktion sie in der aktuellen Gestaltung der Politik erfüllt, in welcher Form sich vor allem der Bürger auf sie berufen darf. Die Staatslehre der Weimarer Zeit arbeitete mit der zweigliedrigen alternativen Gegenüberstellung Norm-Nichtnorm und wies insbesondere die Staatsstrukturbestimmungen der zweiten Kategorie zu[219]. Man nahm an, daß sie wegen ihres politischen Charakters, als „vage, ideologische Hauptsätze", der Rechtsqualität entbehrten. Das galt etwa für das Sozialstaatsprinzip, das zwar nicht in die Staatsfirmierung des Weimarer Staates aufgenommen worden war, jedoch in den zahlreichen sozialen Grundrechten eine — im Vergleich mit dem Grundgesetz — viel deutlichere Präsenz besaß. Die h. M. war der Auffassung, solange die Verfassung am Typus des Rechts- als Gesetzgebungsstaates festhalte, spreche die Vermutung gegen eine unmittelbare Anwendbarkeit der Zielformel des „Sozialen" im Sinne des Verzichtes auf die auctoritatis interpositio des Gesetzgebers[220]. Als rechtlich bedeutungslosen Programmsatz wollte man das Sozialprinzip gelten lassen. Vergleichbares galt für die Staatsform- und -gliederungsbestimmungen: In seinen Erläuterungen zur Österreichischen Bundesverfassung vom 1. Oktober 1920 hat Kelsen etwa den Bestimmungen der Artikel 1 und 2, Österreich sei ein demokratischer und republikanischer Bundesstaat, juristische Bedeutung abgesprochen: Sie seinen „überflüssig" und „irrelevant"[221]. Allerdings wurde auch schon damals die Meinung vertreten[222], es handele sich um „Verfassungsrechtssätze institutionellen Charakters". — Gerade ein neues materiales Verfassungsverständnis mußte in bezug auf die Staatsprädizierungen differenziertere Maßstäbe entwickeln: Werte sind ebensowenig einer unmittelbaren Verwirklichung fähig wie belanglos. So sind das Sozialstaatsprinzip ebenso wie das Demokratieverbot und die bundesstaatliche Gliederung als Teil der direktiven Verfassung unbestritten Auslegungshilfsmittel[223], Ermessensrichtlinien. So hindert etwa das Sozialstaatsgebot eine extrem individualistische Grundrechtsauslegung ebenso wie es gebietet, von zwei Gesetzesanwendungsmöglichkeiten diejenige zu wählen, die den sozialen Bedürfnissen am besten entspricht. In bezug auf das Demokratieprinzip gilt Vergleichbares etwa für die Anwendung von Verfahrensregeln. — Ferner: Wenn auch die authentische Interpretation der Staatsprädizierungen primär Aufgabe des Gesetzgebers

---

[219] Carl Schmitt, HdbdDStR, Bd. 2, S. 602; Kägi, a.a.O., S. 13; Krüger, Staatslehre, S. 699; Contiades, a.a.O., S. 46.

[220] Carl Schmitt, a.a.O., S. 602 m.w.N.

[221] a.a.O., S. 65-67; vgl. auch ders., in: VVDSTRL 5 (1929), S. 68.

[222] Loewenstein, Karl, Erscheinungsformen der Verfassungsänderung, Tübingen 1931, S. 290; ders., Über Wesen, Technik und Grenzen der Verfassungsänderung, Berlin 1961, S. 21 f.; dagegen Carl Schmitt, Verfassungsrechtliche Aufsätze, S. 153; zum ganzen: Contiades, a.a.O., S. 106.

[223] Contiades, a.a.O., S. 80; Forsthoff, VVDSTRL 12 (1954), S. 27; Lerche, Übermaß, S. 79; Ossenbühl, Verwaltungsvorschriften, S. 235; Abendroth, in: Forsthoff, Rechtsstaatlichkeit, S. 116.

bleibt, so sind sie doch unmittelbar für alles staatliche Handeln — nicht nur das des Gesetzgebers — Wegweiser[224], Gestaltungsmaximen, „Naturalobligationen". Allerdings hält die überwiegende Meinung daran fest, daß sie nicht unmittelbar anwendbares Recht im Sinne individueller Erzwingbarkeit sind[225]. Sie binden alle staatlichen Organe, ohne die politische Konkretisierung durch den Gesetzgeber oder die Verwaltung vorwegzunehmen; anstelle der justizmäßigen Kontrolle ihrer Einhaltung durch den einzelnen tritt die politische Kontrolle durch das Parlament. Wenngleich das Bundesverfassungsgericht gelegentlich[226] hart an die Schranke eines sozialstaatlichen status positivus geraten ist, hat es doch die Anerkennung individuell einklagbarer, aus Staatsziel- oder -formbestimmungen abgeleiteter Rechte stets abgelehnt. Wie Sätze des Völkerrechts und Kirchenrechts sind Staatsprädizierungen als materiale Wertentscheidungen verbindlich, aber nicht erzwingbar[227]. Das bezeichnet den Unterschied zwischen einem Verfassungsprogramm und aktuellem Verfassungsrecht. Das gilt für die Präambel[228], die als Leitmotiv des Grundgesetzes ein wichtiges Dokument für die Auslegung des geltenden Rechtes und Richtschnur für zukünftiges Recht ist, ebenso wie für Sozial- und Kulturstaatsklauseln[229], die den wichtigsten Teil des „dirigierten Verfassungsbezirkes" bilden, wie für die demokratisch-bundesstaatliche Staatsform, welche grundsätzlich Willensbildung „von unten nach oben" und Anerkennung wie Förderung von Subsidiarität wie Pluralität gebieten[230].

---

[224] So schon Jellinek, Gesetz und Verordnung, Neudruck der Ausgabe Freiburg 1887, Aalen 1964, S. 271 (als „gesetzgeberische Monologe" juristisch nicht wertlos); Schindler, a. a. O., S. 145; zweifelnd: Thoma, HdbdDStR, Bd. 2, S. 144; Kägi, a. a. O., S. 99; Carl Schmitt, HdbdDStR, Bd. 2, S. 620 („Regulatoren"); Badura, a. a. O., S. 32 („große Generalklauseln"); Hennis, Verfassung und Verfassungswirklichkeit, S. 24; Krüger, Staatslehre, S. 129, 196, 696, 733, 828; Grauhan, a. a. O., S. 18; Luhmann, Recht und Automation in der öffentlichen Verwaltung, Berlin 1966, S. 38 f.; Lerche, a. a. O., S. 230 („dirigierender Verfassungsbezirk"); Wolff-Bachof, a. a. O., Bd. 1 § 25 II; Gerber, in: Forsthoff, Rechtsstaatlichkeit, S. 341; Abendroth, in: Forsthoff, Rechtsstaatlichkeit, S. 116 („programmatische Maximen"); Nipperdey, Hans Carl, Freie Entfaltung der Persönlichkeit, in: Bettermann/Nipperdey, Die Grundrechte, Bd. 4, 2. Hbbd., Berlin 1962, S. 741-909 (805 Fn. 3 f.) („unmittelbarer Sozialgestaltungsauftrag").

[225] BVerfGE 1, 97 (101); Nipperdey, a. a. O., Abendroth, a. a. O.; Contiades, a. a. O., S. 80; Krüger, Staatslehre, S. 787; Hamel, Walter, Die Bedeutung der Grundrechte im sozialen Rechtsstaat, Berlin 1957, S. 23 f.; Wolff-Bachof, a. a. O., Bd. I § 25 II; Kägi, a. a. O., S. 99; Fikentscher, a. a. O., Bd. 3, S. 644.

[226] E 33, 303 (333 f.).

[227] Fikentscher, a. a. O., Bd. 3, S. 644.

[228] von Mangoldt/Klein, a. a. O., S. 39; schon Carl Schmitt, Verfassungslehre, S. 25.

[229] Vgl. Art. 20 GG und Art. 3 der BayVerf.: „Bayern ist ein Rechts-, Kultur- und Sozialstaat"; Badura, a. a. O., S. 35; Ridder, Gewerkschaften, S. 10; Contiades, a. a. O., S. 65; Lerche, a. a. O., S. 230 f.: Sozialstaat als institutionelle Garantie sozialer Institutionen, als Auftrag zur Beseitigung sozialer Mißstände an den Gesetzgeber; als allgemeine Ermächtigung des Gesetzgebers zur Aufrichtung neuer sozialer Ordnungen.

[230] Dazu schon Carl Schmitt, Verfassungslehre, S. 41.

f) Die Verfassung als Organisationsstatut und Wertordnung

Trotz dieses vorsichtigen und im Prinzip restriktiven Umganges mit der materialen Verfassung ist das Prinzip als solches keineswegs unangefochten. Politikwissenschaftler[231] haben darauf hingewiesen, daß die verfassungsrechtliche Wertexegese eine Eigenart des westeuropäischen, wenn nicht gar (jüngeren west-)deutschen Verfassungsdenkens sei. Hennis[232] hat es unter Verweis auf zeitgenössische Liberale (wie von Hayek und Oakeshott) geradezu als unzulässig bezeichnet, eine Verfassung vom westlich-konstitutionellen Typus als teleokratische, nicht (nur) nomokratische, vorwiegend formal-instrumentale Ordnung zu verstehen und anzuwenden: Der Staat sei keine nach Gesichtspunkten der Zweckrationalität zu führende Anstalt — wie eine Fabrik, ein Heer, eine Büroorganisation —, sondern eine sich regelrational selbst Ziele setzende Körperschaft, die sich eine Verfassung gegeben habe, weil ohne eine solche ein Zusammenleben, geschweige denn eine Politik als Zielsetzung nicht möglich sei. Vom Standpunkt des Verfassungsjuristen ist Forsthoff[233] nicht müde geworden, die Wertinterpretation für einen Irrweg zu erklären. Der Wert falle beim klassisch-methodischen Umgang mit der Verfassung sozusagen mit ab, führe aber — wenn man ihn unmittelbar in die Verfassung verlege, zu ihrer Entformalisierung und damit Unberechenbarkeit. Die „geisteswissenschaftliche" und werthierarchische und die herkömmlichen Interpretationsmethoden schlössen einander aus. Sie unterschöben der Verfassung die Werte, die sie durch Auslegung und Anwendung später herausläsen. „Die Jurisprudenz vernichtet sich selbst, wenn sie nicht unbedingt daran festhält, daß die Gesetzesauslegung die Ermittlung der richtigen Subsumtion im Sinne des syllogistischen Schlusses ist."[234] Jede materiale Aufladung der Verfassung, ihr Verständnis als „Sinnsystem", „Kultursystem", „Wertsystem", „Gütersystem"[235] führe — so wird eingewandt — zu einer „Tyrannei der Werte"[236] —, zur „sich identifizierenden" Verfassung, zur Gefahr neuen Naturrechtseinbruches. Vor allem führe sie zu einem Verlust an Spannweite der Verfassung, während es doch ihre eigentliche Aufgabe sei, den Freiraum politischer Diskretion möglichst weit offen zu

---

[231] Hennis, Verfassung, S. 35f. m.w.N.

[232] Insbesondere Hennis, Verfassung, S. 35f; aber auch Krockow, Christian Graf von, Die Entscheidung — Eine Untersuchung über Ernst Jünger, Carl Schmitt, Martin Heidegger, Stuttgart 1958.

[233] a.a.O., S. 17f.; so auch Arndt, Hans Joachim, Die Figur des Plans als Utopie des Bewahrens, in: Säkularisation und Utopie, E. Forsthoff, zum 65. Geburtstag, Stuttgart, Berlin u.a. 1967, S. 119-154 (154).

[234] Vor allem in: Umbildung, S. 37; aber auch in: Die Bindung an Gesetz und Recht, Strukturanalytische Bemerkungen zum Übergang vom Rechtsstaat zum Justizstaat, in: DÖV 1959, S. 41-44 (44) und an anderen Stellen.

[235] Forsthoff, Umbildung, S. 41.

[236] Schmitt, Die Tyrannei der Werte, in: Säkularisation und Utopie, Ernst Forsthoff zum 65. Geburtstag, Stuttgart—Berlin, S. 37-62 (45); auch Fikentscher, a.a.O., Bd. 2, S. 383.

halten[237]. Die Vorstellung von der Verfassung als leitbildhaftem „politischem Über-Ich" sei ebenso unpolitisch wie undemokratisch; sie führe nur zu einer Scheinneutralisierung politischer Streitfragen und zur — verfassungsrechtlich nicht vorgesehenen — Stärkung der Rolle des Verfassungsinterpreten.

Diese streitbar und vernehmlich vorgebrachte Meinung bleibt allerdings Minderheit. Forsthoff selbst stellt fest, daß das Smendsche Wertsystem sich durchgesetzt habe[238]. In der Tat ist die Kopflastigkeit der (vorwiegend) material inspirierten Grundrechte-Rechtsprechung und -literatur im Vergleich mit der Aufarbeitung des regulativen Teils des Grundgesetzes unübersehbar. Auch stützt der „relativ magere Befund zum Sozialstaat"[239] zahlreiche pathetische sittliche Postulate. In Abwandlung einer früheren Feststellung Hedemanns[240] zum Generalklauselge(-miß)brauch könnte man sagen, daß die „Verzierung" gefundener Entscheidungen mit der Sozialstaatsklausel oder dem Demokratiegebot zum Sport der heutigen Juristengeneration zu werden droht. Wenn man auch nicht — wie Forsthoff schon vor Jahren — die partielle Auflösung der rechtsstaatlichen Verfassung diagnostizieren will, so bleibt die Renaissance positivistischer Methodenlehre doch eine Mahnung, sich der Gefahr „wertschließenden"[241] Umganges mit der (materialen) Verfassung stets bewußt zu bleiben. Die klassische juristische Arbeitsweise muß auch als verfassungsrechtliche Methode erhalten bleiben, sonst wird das Auslegungsergebnis beliebig manipulierbar, und die Verfassung ist nicht länger „wertoffen"[242].

2. Verfassungsauslegung

a) Die Aufgabe der Verfassungsauslegung

Aufgabe der Verfassungsauslegung ist nach dem Ausgeführten primär, die Norm nach Wortlaut, Zweck und Wertaussage so zu interpretieren, daß der Norminhalt einerseits möglichst weitgehend verwirklicht werden kann, andererseits für veränderte Zweck- und Wertvorstellungen offenbleibt. Darüber hinaus muß Verfassungsinterpretation aber auch Sorge tragen, daß Veränderungen in der Lebenswirklichkeit in den Interpretationsprozeß mit einbezogen werden. Denn ebenso, wie eine Überspannung der Normativität die Gefahr heraufbeschwört, daß „hochhängende Wertpostulate" den Realitätsbezug verlieren,

---

[237] Maier, Hans, in: Sprache der Politik, Können Begriffe die Gesellschaft verändern? Bergedorfer Gesprächskreis, Protokoll Nr. 4, Hamburg 1972, S. 5-12 (8); Hennis, in: Bergedorfer Nr. 4, S. 20 (Diskussionsbeitrag).
[238] a.a.O., S. 45.
[239] Forsthoff, a.a.O., S. 48.
[240] Hedemann, Justus Wilhelm, Die Flucht in die Generalklauseln, Eine Gefahr für Recht und Staat, Tübingen 1933, S. 64.
[241] Fikentscher, a.a.O., Bd. 2, S. 383.
[242] Diederichsen, a.a.O., S. 15.

kann mangelnde Beachtung der Faktizität dazu führen, daß sich die „Verfassungswirklichkeit" an der Norm vorbei oder über sie hinweg entwickelt. Im erstgenannten Falle greift die Verfassungsnorm zu weit und schwächt die normative Kraft der Verfassung von der Sollensseite her, im letztgenannten greift die Verfassungsnorm zu kurz und verkürzt die Verfassungsgeltung von der Seinsseite her. Es kommt aber darauf an, in der Interpretation der Norm im Blick auf die Anwendung die Sollens-Seins-Spannung pragmatisch aufrechtzuerhalten, weder in die Falle der wirklichkeitslosen Normativität noch der normlosen Faktizität zu gehen. Zweck- und Interessenjurisprudenz gehen diese Aufgabe von der Normseite her an; Rechtssoziologie und Politologie nähern sich ihr mit der Gegenübersetzung von lebendiger Verfassungswirklichkeit und angeblich realitätsfremder Verfassungsnorm von der Anwendungsseite her: Ziel der dialektischen Verfassungsauslegung ist es, in der Konkretisierung der Verfassungsnorm für das zu lösende Problem beide Seiten zu ihrem Recht kommen zu lassen. Weder wird allein aus der Norm deduziert noch wird die Norm von der politischen Wirklichkeit dezisionistisch beiseite geschoben: Vielmehr wird die Norm vermittels des Sachverhaltes interpretiert und partizipiert danach an der sich verändernden Wirklichkeit. Die Einsicht, daß die normierende Kraft der Verfassung nicht etwas schlechthin Gesichertes, sondern etwas Aufgegebenes, daß die Norm nicht nur im Hinblick auf ihren Wertgehalt, sondern auch auf ihren Wirklichkeitsbezug hin „offengehalten" werden muß, stellt — neben Legitimation und möglichem Umfang des materialen Verfassungsverständnisses — das zweite Kernproblem der heutigen Verfassungstheorie[243] dar und ist in einer anwendungsorientierten Interpretation des Grundgesetzes zu beachten[244]. Das Hauptverdienst[245] der problemorientierten Interpretationstheorie liegt dabei in der Aufdeckung der Unzulänglichkeit des Subsumtionsideals des syllogistischen Schlusses. Verfassungsinterpretation ist nicht Rechtsdeduktion, sondern Rechtsfindung für ein konkretes Problem. Verfassungsfindung ist Konkretisierung: Gerade das, was als Inhalt der Verfassung noch nicht eindeutig ist, soll unter Einbeziehung der zu ordnenden Wirklichkeit bestimmt werden; der Inhalt der Norm vollendet sich in der realitätsbezogenen Auslegung.

---

[243] Hesse, VVDSTRL 17 (1959), S. 12f.; Fikentscher, a.a.O., Bd. 3, S. 15; Larenz, a.a.O., S. 338f.; auch schon Carl Schmitt, Über drei Arten des rechtswissenschaftlichen Denkens, Hamburg 1934, S. 30 und Kägi, a.a.O., S. 71.

[244] Engisch, Karl, Logische Studien zur Gesetzesanwendung, 3. Aufl., Heidelberg 1963, S. 14f.; Kaufmann, Arthur—Hassemer, Winfried, Grundprobleme der zeitgenössischen Rechtsphilosophie und Rechtstheorie, Frankfurt am Main 1971, S. 69; Kaufmann, Analogie und Natur der Sache, Tübingen 1965, S. 32; Krüger, Staatslehre, S. 286 (der auf die ersten Ansätze der Konkretisierungstheorie bei Bülow, Gesetz und Richteramt [1885], verweist); Hennis, Verfassung, S. 6; Wolff/Bachof, a.a.O., Bd. 1 § 28 III; Wimmer, S. 6, 54, 67f., 96f.; Häberle, a.a.O., S. 102, 185f.; Schmidt, a.a.O., S. 102; Huber, in: Forsthoff, Rechtsstaatlichkeit, S. 284; Steinberger, S. 264f.

[245] Kriele, Theorie der Rechtsgewinnung, entwickelt am Problem der Verfassungsinterpretation, 2. Aufl., Berlin 1976, S. 47f.

b) Fallbezogene, anwendungsorientierte Auslegung

Methodisch erster Schritt ist die „Konstruktion des Rechtsfalles"[246], die Aufarbeitung des Normbereiches[247]. Dabei ist die Erschließung des Milieus[248], der Ambiance[249] der Norm, der sozialen Lokalisierung des Problemes, von besonderer Bedeutung. Zu diesem Zweck werden — außer der Rechtssoziologie und Rechtstatsachenforschung — alle Wissenschaften herangezogen, deren Erkenntnisse zur Erhellung des Problemfeldes beitragen können[250]: die Natur- ebenso wie die Wirtschaftswissenschaften[251], die Sozial- ebenso wie die „Bildungs"-Wissenschaften[252]. Ist auf diese Weise das Anwendungsfeld vorbereitet, wird die Verfassungsnorm im Blick auf die Anwendung — also problemorientiert — interpretiert. Die Methode des Problemdenkens ist die von Vieweg zu neuem Leben erweckte Topik, als (nicht nur in der Jurisprudenz) gebräuchliche Technik, erkenntnisleitende Gesichtspunkte rationalen Argumentierens aufzusuchen. Als pragmatisches Verfahren entspricht sie in hohem Maße dem philosophischen Ansatz kritischer Rationalität. Topik[253] ist Technik des „Steinbruchdenkens", das Gründe und Ableitungen dort aufsucht, wo es sie findet, sich dabei auch vor einem Methodensynkretismus nicht scheut, denn dieser ist — wie schon Triepel unter Hinweis auf Menzel sagt — kein Majestätsverbrechen[254]. Die Methode ist ganz auf ihre instrumentale Funktion zum Verstehen des Normsinnes reduziert, „Methodenreinheit" tritt ebenso in den Hintergrund wie systematische Zusammenhänge vernachlässigt werden. Klassische Deduktionen haben ebenso ihre Berechtigung wie Wertinterpretationen, naturrechtliche Argumente ebenso wie institutionelle. Im bekannten zirkelhaft-spiraligen Erkenntnisverfahren von „Vorverständnis und Methodenwahl"[255], „Hin- und Herwandern des Blickes"[256] von der Norm zum Sachverhalt und zurück — wie es die juristische Hermeneutik (wieder) erarbeitet hat[257]

---

[246] Hruschka, a.a.O., pass.
[247] Müller, Normstruktur, S. 114f.
[248] Marti, a.a.O., S. 8.
[249] Schindler, a.a.O., S. 93, 104 und pass.
[250] Wimmer, a.a.O., S. 61.
[251] Rupp, Wirtschaftsverfassung, S. 20.
[252] BVerfGE 34, 165 (184) („Förderstufen-Urteil").
[253] Vieweg, Theodor, Topik und Jurisprudenz, Ein Beitrag zur rechtswissenschaftlichen Grundlagenforschung, 5. Aufl., München 1974, pass.; Steinberger, a.a.O., S. 264; Wimmer, a.a.O., S. 60f.; Kriele, a.a.O., S. 35f.; Müller, Normstruktur, S. 9; Ehmke, VVDSTRL 20 (1963), S. 71; Jesch, Dietrich, Gesetz und Verwaltung, 2. Aufl., Tübingen 1968, S. 67; Canaris, Systemdenken, S. 139.
[254] a.a.O., S. 19.
[255] So der Titel von Essers Buch, Vorverständnis und Methodenwahl in der Rechtsfindung, Frankfurt/M., 1970.
[256] Engisch, Logische Studien, S. 29f.
[257] Kägi, a.a.O., S. 105; Huber, in: Forsthoff, Rechtsstaatlichkeit, S. 284; Fikentscher, a.a.O., Bd. 1, S. 476, Bd. 3, S. 688.

— wird das gerade im Verfassungsrecht vage Normprogramm[258] (Sozialstaat, Demokratie, Bundesstaat) zu Verfassungsgrundsätzen[259] (principles, stare decises) verdichtet, welche als rationes decidendi für mehrere Fälle und Probleme die Rechtsentwicklung steuern (Willkürverbot, Treu und Glauben, Vertrauensschutz im öffentlichen Recht — due process, equal protection, clear and present danger). Der auf den Fall zugeschnittene Sinn- und Regelungsgehalt der Vorschrift ist dann die „Norm" i.S. von Essers „Grundsatz und Norm", die Entscheidungsnorm (rule) letztlich der entschiedene Fall (precedent)[260]. Die Konkretisierung und Individualisierung der generell-abstrakten Norm führt zur problemorientierten Atomisierung der Norm, zur Einzelfallgerechtigkeit. Die Anwendung der so konkretisierten Norm erfolgt nicht mehr durch Subsumtion des Sachverhaltes als „von-unten-Herantragen" des Sachverhaltes an die vorher (begrifflich und konstruktivistisch ausgelegte Norm, sondern ist in der Konkretisierung als „Applikation", „Gleichsetzung", Parallelführung von Norm und Problem bereits vollzogen. Auslegung und Anwendung sind ein einheitlicher Vorgang; auch gedanklich heißt Interpretation zugleich Anwendung, und in der Anwendung vollendet sich die Auslegung[261]. Damit erfolgt die Interpretation der Verfassung für ein bestimmtes Problem nicht in einem von jedermann nachvollziehbaren deduktiven Verfahren, sondern liegt in der Hand des entscheidenden Richters[262], der die Lücken zwischen den bereits entschiedenen Fällen (rules) unter Berücksichtigung der Grundsätze (principles) füllt: the constitution is what the judges say it is; Rechtsfindung geht in Rechtsschöpfung über.

c) Kritik

Und an diesem Punkt setzt die prinzipielle Kritik[263] der Konkretisierungsmethode an: Diese Hermeneutik bedeute eine (weitere) Schwächung der normati-

---

[258] Müller, Normstruktur pass.; ders. Methodik, S. 117f.; Schindler, a.a.O., S. 50; Kägi spricht bei solchen Generalklauseln und Zielformeln von „Blankettverfassung".

[259] Esser, Grundsatz, S. 20; Fikentscher, a.a.O., Bd. 3, S. 688; Steinberger, a.a.O., S. 266; Schindler, a.a.O., S. 50; Die Grundsätze vermitteln zwischen allgemeinen Lebensgewohnheiten einerseits und zur Entscheidung des Einzelfalles benötigten Normen andererseits.

[260] Schindler, a.a.O., S. 47; dazu auch Kelsen, Allgemeine Staatslehre, Berlin 1925, Nachdruck Bad Homburg 1966, S. 233 (Einzelakt als unterste Stufe der „Normenpyramide").

[261] Fikentscher, a.a.O., Bd. 1, S. 28, Bd. 3, S. 44, 299; Esser, Grundsatz, S. 253; Engisch, Logische Studien, S. 19; Kägi, a.a.O., S. 71; alle zurückgehend auf Hegels Dialektik, Rechtsphilosophie, a.a.O., § 214; kritisch: Larenz, a.a.O., S. 336f.

[262] Bachof, Grundgesetz und Richtermacht, Tübingen 1959, S. 8; Ehmke VVDSTRL 20 (1963) 64; Forsthoff, Umbildung, S. 53; Carl Schmitt, Verfassungslehre, S. 187; Krüger, Staatslehre, S. 206; Fikentscher, a.a.O., Bd. 2, S. 252.

[263] Kägi, a.a.O., S. 27f., 34, 176; Forsthoff, Umbildung, S. 60; Kriele, a.a.O., S. 35; Steinberger, a.a.O., S. 264; Krüger, Staatslehre, S. 700f.; w.N. bei Fikentscher, a.a.O., Bd. 3, S. 758.

ven Kraft der Norm; die Auslegung der Verfassung durch letztlich dezisionistischen, volitiven Richterspruch mache Verfassungsanwendung unberechenbar; der Übergang von der normgebundenen richterlichen Konkretisierung zur normfreien Entscheidung, für die die Verfassung nur noch Anregung, Richtlinie, nicht mehr verbindliche Regel sei, vollziehe sich nahtlos und unkontrollierbar. Wenn sich der Sinngehalt des Verfassungsrechtes nach dem (zu lösenden) Problem und der (topisch angewandten Methode wandele, letztlich nur noch der Richter verstehe (und allerdings begründen müsse), welche Argumente ihn zur Fallentscheidung bewogen hätten, dann bestehe die Gefahr, daß statt der Verfassung nur noch verfassungspolitische Wünsche herrschten. Dem halten die Vertreter der topisch-konkretisierenden Methode entgegen, letztlich diene das Verfahren der anwendungsorientierten Stärkung der Norm; sie verweisen auf die Beständigkeit der „Grundsätze" und der Präzedenzfälle und betonen die größere „Ehrlichkeit" ihrer Analyse des (verfassungs-)gerichtlichen Richterspruches. Allerdings muß ein Vertreter des case-law — denn um eine Annäherung an diese Form des Rechtsdenkens handelt es sich bei der „Normkonkretisierung" — nüchtern zugeben: „Die Voraussage dessen, was die Gerichte tun werden, dies und nicht Anspruchsvolleres ist es, was ich unter „Recht" verstehe"[264]. Ebenso nüchterne Bestandsaufnahme der gegenwärtigen deutschen (Verfassungs-)Rechtspraxis zeigt, daß die positivistische Deduktion als alleintragende Methode allgemein aufgegeben worden ist, das Wertverständnis des Grundgesetzes eine fallbezogene, autoritative Feststellung, welches die in Rede stehenden Werte sind, unabdingbar macht und die Bezugnahme auf die Entscheidungen des Bundesverfassungsgerichtes (sowie der oberen Bundesgerichte) zum wichtigsten „Topos" juristischer Argumentation und Begründung geworden ist. Deshalb sollte man die Antithese Kodex-Systematik-Axiomatik vs. Fallrecht-Topik-induktive Rechtsfindung aufgeben[265] und zur pragmatisch angezeigten Synthese übergehen, wozu sich etwa in der vertieften Durchdringung und Anwendung der mittelabstrakten Verfassungsgrundsätze des Grundgesetzes anstelle der noch abstrakteren Strukturprinzipien ein lohnendes Arbeitsfeld eröffnet.

3. Verfassungsfortbildung

a) Die historische Dimension der Auslegung

Wenn nach dem Angeführten klar ist, was unter Verfassungsauslegung und -anwendung zu verstehen ist, muß sich auch die Frage nach der Art und Weise der Fortentwicklung des Verfassungsrechts beantworten lassen[266]. Auch hinter

---

[264] O.W. Holmes; dazu im einzelnen Kägi, a.a.O., S. 176.
[265] Fikentscher, a.a.O., Bd. 1, S. 422 meint, ihr werde von Esser und Vieweg Vorschub geleistet, während diese sich in Wirklichkeit um realistische Adaption der juristischen Theorie an die juristische Praxis bemühen.

der methodischen Frage, ob und wie sich die Verfassung fortentwickelt, steckt — neben dem Wandel von Wertanschauungen — letztlich das Problem der Tatsachennähe der Verfassung: denn meist ändert sich ihr Verständnis und ihre Auslegung, wenn sich die Verhältnisse ändern. Darüber hinaus muß die historische Dimension, die Zukunftsgerichtetheit des Verfassungsrechtes, schon bei jedem gegenwärtig sich vollziehenden Auslegungs- und Anwendungsakt mitberücksichtigt werden. Ziel jeder einzelnen Anwendung ist nicht nur, das vorliegende Problem zu lösen, sondern zugleich die Norm nach Wertgehalt und Wirklichkeitsbezug „offenzuhalten", ihre Effektivität dadurch zu stärken, daß sie sich zukünftigem Wandel ebenso anpassen kann wie Veränderungen der Lebens-, vor allem der politischen Wirklichkeit.

b) Fortbildung des Verfassungsrechtes

Zunächst bedarf es der Klärung des Begriffes[267] „Fortbildung des Verfassungsrechtes". In einem weiteren Sinne umfaßt er jede Fortentwicklung des geschriebenen Verfassungsrechtes über den geschriebenen Text hinaus, umfaßt die Analogie zur Lückenfüllung ebenso wie das Gewohnheitsrecht und die Verfassungsfortbildung im engeren Sinne durch Richterspruch. Daß die Feststellung einer Lücke ebenso wie die Entscheidung, sie durch Analogie oder Verwendung des argumentum e contrario zu schließen, bereits Auslegung und Anwendung ist, gilt für die Verfassung in gleicher Weise wie für Gesetzesrecht[268]. In beschränktem Umfange ist auch die Bildung von Verfassungsgewohnheitsrecht anerkannt[269]. Esser[270] ist der Auffassung, Gewohnheitsrecht habe keine eigenständige Bedeutung; es sei nichts anderes als eine Sammlung „fortgesetzter gleichförmiger Akte" der Rechtsprechung. Er setzt es also mit dem Richterrecht als der wichtigsten Form[271] der Rechtsfortbildung i. e. S. gleich. Ob „Richterrecht" als eine eigenständige „Rechtsquelle" — vergleichbar dem Gesetzes- und Gewohnheitsrecht — anzusehen ist, ist umstritten. Wenngleich allgemein akzeptiert wird, daß in weiten Rechtsgebieten faktisch die Treue zu Präjudizien, zur ständigen gefestigten Rechtsprechung, wichtiger ist als die Bezugnahme auf den Gesetzestext, wird richterliche Normsetzung — vor allem im Blick auf das Gewaltenteilungsprinzip des Artikels 20 GG — überwiegend

---

[266] Fikentscher, a.a.O., Bd. 1, S. 23, Bd. 3, S. 701 f; Larenz, a.a.O., S. 350f.; Pestalozza, Der Staat 2 (1963), S. 429; zur „Entzeitung" (G. Husserl) des Rechts im Gegensatz zur Festlegung auf Zeit, zur „Versteinerung"; zur „Zeitstruktur des Rechts" auch Larenz, a.a.O., S. 305 und 350f.

[267] Fikentscher, a.a.O., Bd. 3, S. 701.

[268] Canaris, Die Feststellung von Lücken im Gesetz, Berlin 1964, S. 17, 18.

[269] BVerfGE 2, 380 (401, E 28 21 (28); Tomuschat, Christian, Verfassungsgewohnheitsrecht, Heidelberg 1972, pass.

[270] Grundsatz, S. 119f.; 138f., 287f.

[271] Neben der von Canaris (a.a.O., S. 202) vertretenen Schließung von „Prinzip- und Wertungslücken" und der Larenz'schen (a.a.O., S. 402ff.) „offenen Rechtsfortbildung".

2. Verfassungsfortbildung

abgelehnt. Das Bundesverfassungsgericht[272] hält daran fest, daß bei aller Wesentlichkeit der Beachtung früherer Entscheidungen in ähnlichen Fällen keine Bindung an die einmal bestehende Rechtsprechung bestehe, weil es möglich sein müsse, „im Lichte geläuterter Erkenntnisse oder angesichts des Wandels der sozialen, politischen oder wirtschaftlichen Verhältnisse" unhaltbar gewordene Lösungen zu korrigieren[273]. Allgemein anerkannt ist jedoch — über Einzelfragen der methodischen Verwirklichung hinaus —, daß jedes Recht, insbesondere aber das Verfassungsrecht (und so auch das Grundgesetz), auf eine bestimmte politische Situation (Krüger: „Lage") antwortet und bei Änderung der Verhältnisse oder der Bewertungsmaßstäbe in vernünftigem Umfang durch Interpretation angepaßt werden muß[274]. Die Alternative, eine sich verändernde Wirklichkeit an der starren Elle der Verfassung zu messen, führt zur Geltungseinbuße des Verfassungsrechtes, zu einer Abfolge von „Verfassungsbrüchen", „-durchbrechungen", „-änderungen", bei denen „nachgetragen", „bereinigt", „gelöscht", eben: „angepaßt" werden muß. Zusammenfassend ist anerkannt, daß erst Normativität und Flexibilität der Verfassung ihre Effektivität verbürgen[275]. Gegenüber einer leerlaufenden Positivität der Norm und einer Normativität des Faktischen ist es Zeit, an die Normativität des Normativen zu erinnern[276]. Wie aber methodische, effektive Verfassungsgeltung gesichert werden kann, ist umstritten: hier reichen die Ansätze von der vorsichtigen Anpassung durch verfassungswortlautüberschreitendes Gewohnheitsrecht über die teleologische Auslegung bis zur „dynamischen", „offenen" Verfassungsinterpretation. Dabei besteht Einigkeit über die Extreme: Weder kann an einer „starren" Verfassung festgehalten werden, die „Verfassungswandel" als „Verfassungsbruch" ansieht[277], noch ist es Aufgabe des Verfassungsinterpreten, soziale Dynamik schlichtweg ins Juristische zu übersetzen[278]: pacta sunt servanda und clausula rebus sic stantibus sind gleichrangige Auslegungsgrundsätze. Eine „dynamische Verfassungsauslegung" muß den Versuch unternehmen, den Telos der Norm unter gewandelten Verhältnissen zu verwirklichen, elementare

---

[272] E 4, 219 (223), E 18, 224 (240); E 20, 219 (234); vgl. auch § 31, II BVerfGG; ebenso Larenz, S. 421 f.

[273] Vgl. auch Fikentscher, a.a.O., Bd. 3, S. 728; Larenz, a.a.O., S. 426f.; auch Kriele (a.a.O., S. 243f.) neigt einer auf widerleglicher faktischer Geltung beruhenden Präjudizienbindung zu.

[274] Smend, Abhandlungen, S. 79; Triepel, a.a.O., S. 19; Kägi, a.a.O., S. 27, 81; Schindler, a.a.O., S. 13f.; Forsthoff, Umbildung, S. 50; Wimmer, a.a.O., S. 14f.; Hesse, Lehrbuch, S. 30f.; Hennis, Verfassungsrecht, S. 20; Huber, in: Forsthoff, Rechtsstaatlichkeit, S. 285; Zacher, Wirtschaftsverfassung, S. 101; Steinberger, a.a.O., S. 264.

[275] Thoma, HdbdDStR, Bd. 2, S. 5, Carl Schmitt, HdbdDStR, Bd. 2, S. 601; Rupp, Wirtschaftsverfassung, S. 17; Hennis, Verfassung, S. 20; ders., Meinungsforschung, S. 52.

[276] Hennis, Verfassung, S. 20; ders., Meinungsforschung, S. 52.

[277] Kägi, a.a.O., S. 122, 135; Kaufmann, Erich, Das Wesen des Völkerrechtes und die clausula rebus sic stantibus, Rechtsphilosophische Studie zum Rechts-, Staats- und Vertragsbegriffe, Tübingen 1911, S. 101.

[278] Kägi, a.a.O., S. 89.

Verfassungssätze entsprechend der Zeit auszulegen, verfassungsrechtliche Institutionen mit verändertem Inhalt zu füllen. Sie muß sich bemühen, allzu häufige Verfassungsänderungen zu vermeiden, welche die normative Kraft der Verfassung nur schwächen würden. Zugleich darf eine „dynamische Auslegung" aber nicht dazu führen, daß die Verfassung in „einen flüssigen Aggregatzustand übergeht"[279], die Grenzen zwischen constitutio lata und ferenda[280] nicht mehr beachtet und zur Situationsjurisprudenz entartet. Jede „Dynamik" findet ihre Schranken in der Struktur der Verfassung, in der Begrenzung der Institutionen, auch in gewissen Formen und Techniken[281]. Innerhalb dieser letztlich nur im Einzelfall festzulegenden Grenzen muß die Verfassung aber ein „offener Rahmen der Politik" sein[282]. Politik ist nicht Verfassungsvollzug, sondern Wertverwirklichung im Rahmen der von der Verfassung festgelegten Grundwerte. Die Verfassung erstreckt sich nur ein Stück in die Gesellschaft, in der die Werte gebildet und verwirklicht werden[283]. Verfassungsinterpretation darf — über die begrenzenden Grundwerte hinaus — nicht konkrete Werte in die Verfassung hineinlesen, sondern muß den Parteien, Gruppen und einzelnen, welche sich gerade in der Art, wie sie den Rahmen ausfüllen wollen, unterscheiden, nur sagen, wo die Grenzen sind, welche eine wertorientierte, „streitbare" Verfassung setzen muß. Geläutertes Verständnis konkreter Verfassungsbestimmungen, Entwicklung der Institutionen und Werte in Anerkennung des gesellschaftlichen Wertepluralismus und Annäherung an die Rechtsidee ist Aufgabe einer geschichtsbewußten Fortbildung des Verfassungsrechtes.

c) „Fließende Geltungsfortbildung" des Rechtes

Noch stärker als unter dem Gesichtspunkt der Verfassungsanwendung durch Konkretisierung kommt unter der Verfassungseffektuierung durch „fließende Geltungsfortbildung"[284] die bestimmende Rolle der Rechtsprechung zum Ausdruck. Soll und muß die Verfassung in inhaltlicher (vor allem materialer), begrifflich-systematischer und zeitlicher Hinsicht „offenbleiben", so tritt in jedem Anwendungsfall „eine andere Verfassung" in Erscheinung, und nur der Richter sagt, welche. Jedem letztlich durch Rechtsprechung geschaffenen und fortgebildeten Recht wohnt die Tendenz zur Auflösung des formalen, geschlossenen Kodex in Kasuistik inne[285]. So ist auch nicht zu bestreiten, daß die Gerichtsbarkeit, insbesondere das Bundesverfassungsgericht, de facto längst

---

[279] Kägi, a.a.O., S. 35.
[280] Kägi, a.a.O., S. 71.
[281] Forsthoff, in: Forsthoff, Rechtsstaatlichkeit, S. 166.
[282] Smend, Abhandlungen, S. 166; Zacher, Wirtschaftsverfassung, S. 101; Steinberger, a.a.O., S. 264; Fikentscher, a.a.O., Bd. 2, S. 68.
[283] Diederichsen, a.a.O., S. 51.
[284] Smend, Abhandlungen, S. 242; Forsthoff, in: Forsthoff, Rechtsstaatlichkeit, S. 38.
[285] Carl Schmitt, Hüter der Verfassung, S. 41.

2. Verfassungsfortbildung

über die ihr im gewaltenteilenden System zugedachte Rolle hinausgewachsen ist[286]. De jure hält sie an der Scheidung von Rechtsetzung und Rechtsfindung fest und sieht ihre Aufgabe auf die letztere Funktion beschränkt[287]. Die h. M.[288] stimmt dem zu, erkennt aber zugleich — mit der Rechtsprechung — an, daß dieser Rechtsfindungsauftrag die Lückenschließung und Feststellung von Gewohnheitsrecht umfaßt. Die freie richterliche Rechtsschöpfung ist also unzulässig, die Rechtsschöpfung in Anlehnung an bestehendes Gesetzesrecht zulässig[289]. Spätestens an diesem Punkte — wenn nicht schon beim Postulat konkretisierender Auslegung und dynamischer Fortbildung — wird deutlich, daß die Grenzen zwischen zulässiger und unzulässiger Fortbildung fließend sind, ihre Feststellung selbst ein methodisches Problem und nur am Einzelfall demonstrierbar ist[290]. Je evidenter die (verfassungsrechtsschöpferische Kraft der (Verfassungs-)Gerichtsbarkeit, desto wichtiger die Frage nach ihren Schranken. Unter dem Gesichtspunkt der gewaltenteilenden Rechtsordnung des Grundgesetzes ist dazu in jüngster Zeit Wichtiges beigetragen worden[291]. Da verfassungsauslegendes kontinentales und verfassungskonkretisierendes anglo-amerikanisches Rechtsdenken offensichtlich immer mehr konvergieren, ist es gewiß ein fruchtbarer heuristischer Ansatz, bei der Frage nach den Grenzen verfassungs-richterlichen Handelns die case-law-Praxis, insbesondere des Supreme Court der Vereinigten Staaten von Amerika[292] an die Betrachtung einzubeziehen, denn es gilt der Satz: Sage mir Deine Einstellung zur Verfassungsgerichtsbarkeit, und ich sage Dir, was für einen Verfassungsbegriff Du hast

---

[286] Diederichsen, a.a.O., S. 51; Kägi, a.a.O., S. 176; Forsthoff, a.a.O., S. 47; Fikentscher, a.a.O., Bd. 2, S.4f.; Wimmer, a.a.O., S.3; Forsthoff meint (Umbildung, S. 58), das Bundesverfassungsgericht könne in den Vorstellungen eines dem Verfassungsgesetz unterworfenen und seine Innehaltung mit den Mitteln herkömmlicher Rechtsauslegung sichernden Gerichtes nicht mehr begriffen werden. Es sei weniger ein Gericht denn ein an der Interpretation aktiv teilnehmendes oberstes Verfassungsorgan, das seine Position verteidige.

[287] Friesenhahn, Ernst, Die Staatsgerichtsbarkeit, in: Anschütz—Thoma, Handbuch des Deutschen Staatsrechts, Bd. 2, Tübingen 1932, S. 523-545 (543).

[288] Fikentscher, a.a.O., Bd. 3, S. 708 m. w. N.

[289] BVerfGE 34, 261 (267), BGH ZE 11 (Anhang), 34ff., 52f. (zum Gleichheitsgrundsatz des Art. 117 I GG); Säcker, Franz-Jürgen, Zur demokratischen Legitimation des Richter- und Gewohnheitsrechts, in: ZRP, 1971, S. 145-150 (145).

[290] Fikentscher, a.a.O., Bd. 3, S. 735; Larenz, a.a.O., S. 419.

[291] vgl. insbes. Ipsen, Jörn, Richterrecht und Verfassung, Berlin 1974, pass.; aber auch schon Triepel, a.a.O., S. 8; Friesenhahn, HdbdDStR, Bd. 2, S. 543f. und Forsthoff, Umbildung, S. 58 und pass.

[292] Dazu Cox, Archibald, The Role of the Supreme Court in American Government, Oxford 1976, S. 3f.; Fraenkel, Das amerikanische Regierungssystem, 3. Aufl., Opladen 1976, S. 169f.; Loewenstein, Verfassungsrecht und Verfassungspraxis der Vereinigten Staaten, Berlin—Göttingen 1959, S. 400f. sowie die Beiträge von Albert, Bice, Coons und Simon, in: Karpen (Hrsg.), Verfassungsrechtliche Fragen des Hochschulzugangs, S. 143f., 171f., 221, 277f.

II. Anwendung der Grundentscheidungen des Grundgesetzes

sowie dessen Umkehrung[293]. Obwohl eine einfache Übertragung der die Rechtsprechung des case-law beherrschenden Schrankengrundsätze aus einsehbaren Gründen nicht möglich ist, verdienen in diesem Zusammenhang doch insbesondere drei Gesichtspunkte der Erwägung: die „offenen" Rechtsordnungen[294], die nicht von der Kodex-Vorstellung einer prinzipiell restlosen Regelung aller Lebensbereiche durch das Recht ausgehen, sondern einen „rechtsfreien" Raum anerkennen, stellen als erstes die Frage, ob eine Norm existiert, die den problematischen Sachverhalt regelt. Die Suche nach einer justiziablen Norm für die Entscheidung der Frage, ob der Grundvertrag zwischen der Bundesrepublik Deutschland und der Deutschen Demokratischen Republik vom 21. 12. 1972[295] verfassungsmäßig ist, hätte gewiß zu dem Ergebnis geführt, daß die Präambel der Verfassung keine Norm ist, die diesen Sachverhalt zu regeln beabsichtigt; die Klage wäre „mangels einer anwendbaren Norm" abgewiesen worden[296]. Auch ist sich die Rechtsprechung der Supreme Courts aufs Ganze — mit einigen bemerkenswerten Ausnahmen — ihrer Aufgabe bewußt geblieben, daß sie politisches Recht auszulegen hat, das seiner Natur nach ein weites Maß von Freiheit der Anwendung verlangt („political-question-doctrine")[297]. Die Grenzen der Justizförmigkeit politischer Entscheidungen, die zur Prärogative von Legislative und Exekutive gehören, werden schärfer gesehen, als es manche Urteile des Bundesverfassungsgerichtes zu erkennen geben[298]. Letztlich übt sich die Rechtsprechung des anglo-amerikanischen Rechtskreises — nicht nur, aber vor allem, die der Supreme Courts der Vereinigten Staaten und der Gliedstaaten — in der Tugend der „richterlichen Selbstbindung" („judicial self-restraint")[299]. Sie folgt dem Grundsatz der „broad interpretation", die in Anwendung einer „Evidenztheorie" eine Norm nur dann als verfassungswidrig ansieht, wenn ein „vernünftiger und gerechter Mann ihre Verfassungswidrigkeit notwendig zugeben muß" (Oliver Wendell Holmes). Aus der gleichen richterlichen Notwendigkeit, entscheiden zu müssen und nichts im Dunkeln lassen zu dürfen, folgert der Verfassungsrichter des case-law-Rechtsbereiches in Kenntnis prinzipiell begrenzter Rechtsgeltung die Pflicht zur Enthaltsamkeit, während das Bundesverfassungsgericht (und andere Gerichte) im Bewußtsein umfassender Rechtsgeltung und umfassender Verantwortung für die Verfassungsmäßigkeit des Rechtslebens jede juridiktionelle Selbstbindung zu vermeiden trachten, viele Rechtsfragen zwar offen lassen, aber die Kontrolle doch nicht aus der Hand

---

[293] Kägi, a.a.O., S. 147, Fn. 65.

[294] Dazu im einzelnen Fikentscher, a.a.O., Bd. 2, S. 8 und Bd. 3, S. 722.

[295] BGBl 1973, II, S. 421.

[296] Anders, BVerfGE 36, 1 (17) unter Hinweis auf E 5, 85 (127).

[297] Dazu schon Ipsen, Hans Peter, Politik und Justiz, Das Problem der justizlosen Hoheitsakte, Hamburg 1937, S. 155f.; auch Jörn Ipsen, a.a.O., S. 232; Friesenhahn, HdbDStR, Bd. 2, S. 543f.; Triepel, VVDSTRL 5 (1929), S. 17.

[298] ZB BVerfGE 33, 303 und E 43, 291.

[299] Dazu BVerfG E 36, 1 (14); Fikentscher, a.a.O., Bd. 2, S. 343; Scharpf, Die politischen Kosten, S. 36; Bachof, in: Forsthoff, Rechtsstaatlichkeit, S. 222.

2. Verfassungsfortbildung

geben wollen[300]. Dieser tiefgehende richterliche Zugriff wird spürbar besonders in solchen Verfassungsprozessen, in denen politisch-werthaltige Fragen zur Entscheidung stehen und als „anwendbare Verfassungsnormen" (letztlich) nur die „großen Staatsziel- und -formbestimmungen" des sozialen und demokratischen Rechts- und Bundesstaates oder nur aus ihrem Verständnis ableitbare Detailfragen des Grundrechtekataloges zur Verfügung stehen. Gerade im Blick auf die umfassende Prüfungskompetenz des Bundesverfassungsgerichtes ist deshalb zu fragen, wie die ordnungs- und wertgesättigten Fundamentalentscheidungen des Artikels 79 III GG herkömmlich interpretiert und angewandt wurden, welche methodischen Tendenzen sich abzeichnen und welche Rolle die Rechtsprechung spielt und zu spielen vermag, inwieweit seine Entscheidung „is consistent with traditional lawyers' wisdom about what it is, that courts are good for"[301].

---

[300] Salzwedel, in: Karpen, Verfassungsrechtliche Probleme, S. 254.
[301] Coons, in: Karpen, Verfassungsrechtliche Probleme, S. 229.

III. Das Grundgesetz als Verfassung des sozialen Rechtsstaates

1. Grundentscheidung für die soziale und rechtsstaatliche Demokratie

In grundsätzlich übereinstimmenden Verfassungsverständnis, prinzipiell vergleichbarer Handhabung der materialen, konkretisierenden, und das heißt: nicht zuletzt vom Einzelfall bestimmter Methode der Verfassungsauslegung und -anwendung wird das Grundgesetz heute in zweierlei Richtung interpretiert: die eine — wohl herrschende — Meinung sieht in ihm die Verfassung einer primär liberalen „freiheitlich demokratischen Grundordnung" (Art. 18, 21 Abs. 2 GG), die andere betont die Elemente der „sozialen Demokratie" (Art. 20 Abs. 1, 28 Abs. 1 GG).

Zunächst zur überwiegenden Auffassung, die im Grundgesetz — trotz der sozialstaatlichen Verpflichtung und der parteiendemokratischen Struktur — den Typus des bürgerlichen Rechtsstaates bewahrt sieht. In der Grundwertfrage bezieht sie deutlich Stellung[302]. Der in der Menschenwürde (Art. 1 GG) begründete Wert der Freiheit (Art. 2 GG) habe Vorrang vor dem ebenfalls in ihr verankerten Wert der Gleichheit (Art. 3 GG). Grundsätzlich ist der einzelne verantwortlich für die Sinnfrage und die Gestaltung des Lebens; er lebt in der Gesellschaft, aber weder diese noch der Staat können ihm Recht und Bürde der Letztverantwortung nehmen. Die Grundfrage ist also im Sinne eines individualistischen, zwar auch, aber nicht vorwiegend, gemeinschaftsbezogenen Menschbildes entschieden. Diese Meinung hält an dem liberalen, idealistischen Prinzip einer Trennung von Staat und Gesellschaft als Bedingung individueller Freiheit fest[303]. Die Pluralität der Sinndeutungen der einzelnen ist Grundlage des modernen menschlichen Selbstverständnisses. Die institutionelle Pluralisierung der gesellschaftlichen Macht bietet die beste Garantie für die Freiheit des einzelnen: ein fraktioniertes öffentliches Interesse, Vielfalt der Gruppeninteressen, plurale Gruppenbildung und die Belassung von „herrschaftsfreien Räumen" sind Vorbedingungen einer freiheitssichernden Sozialordnung[304] (Art. 9 Abs. 1 GG). Eigentum und Besitz sind Grundpfeiler der freien Wirtschaftsgesellschaft[305]. Wissenschaft und Bildung entfalten sich in der offenen Kulturge-

---

[302] Statt aller: Maunz/Dürig/Herzog/Scholz, a.a.O., Art. 2, Rn. 2.

[303] Böckenförde, Die verfassungstheoretische Unterscheidung von Staat und Gesellschaft als Bedingung der individuellen Freiheit, Vorträge der Rheinisch-Westfälischen Akademie der Wissenschaften, Opladen 1973, pass.; Kaiser, Staatslexikon, Bd. 7, S. 596; Wolff-Bachof, a.a.O., Bd. 1, § 1; Schelsky, Arbeit, S. 103.

[304] Schelsky, Arbeit, S. 128.

1. Grundentscheidung für die soziale und rechtsstaatliche Demokratie 63

sellschaft[306], jedermann hat Zugang zur politischen Öffentlichkeit, vermittels der Meinungs- und Informationsfreiheit, des Rechts zum Parteibeitritt etc. Obwohl der moderne Staat nicht mehr nur Sicherheit und Ordnung verbürgt, sondern als Interventions- und Sozialstaat auch Leistungen erbringt, bleiben seine Aufgaben doch prinzipiell beschränkt, die Aufgabenerfüllung an das Gesetz gebunden, der Weg zum Gericht offen[307]. Die liberale Sozialordnung ist nach dieser Meinung im Grundgesetz nach dem Typus des bürgerlichen Rechtsstaates[308] verfaßt[309]. Wenn zwischen Freiheit und (hier primär gleichheitlich verstandener) Demokratie ein Spannungsverhältnis möglich ist[310], das möglicherweise heute durch die Verbindung von sozialem Staat und Demokratie noch stärker bewußt wird, dann hat das Grundgesetz den Ausgleich zugunsten der Liberalität vollzogen[311]. Die freiheitlich (parlamentarisch-) demokratische Grundordnung hat — m. a. W. — für die Charakterisierung der verfassungsrechtlichen Grundentscheidung Vorrang[312] vor der Entscheidung für den sozialen Parteienstaat. An der bürgerlichen Rechtsstaatlichkeit hat sich nach dieser Auffassung durch das Epitheton „sozial" als Etikett des Rechtsstaates ebensowenig oder nichts geändert wie durch die Verankerung der Parteiendemokratie, die mehr Mitwirkung eröffnet. — Methodisch wird versucht, innerhalb des pluralistischen Systems zu konkreten Wertaussagen vorzustoßen, die neoliberal geprägt sind, die Staatszielbestimmung der Rechtsstaatlichkeit und die Staatsformbestimmung der repräsentativen Demokratie gegenüber wohlfahrtsstaatlichen und partizipatorischen Tendenzen zu festigen, vor allem aber die individual- und gruppenschützende Funktion der Grundrechte gegenüber Versuchen einer material-funktionellen Auslegung, die als Umdeutung angesehen wird, zu schützen[313].

---

[305] Habermas, Strukturwandel, S. 168.

[306] Habermas, a.a.O., S. 177, 192.

[307] Wolff-Bachof, a.a.O., Bd. 1, §§ 2 II, 23 II; Habermas, a.a.O., S. 168; Zur Rechtswegsgarantie vor allem die „dissenting votes" in BVerfGE 30, 173 (202 und 219) („Mephisto-Urteil").

[308] Wie er sich prototypisch in der französischen Verfassung von 1830 und der belgischen von 1831 darstellt; dazu Carl Schmitt, Verfassungslehre, S. 308.

[309] Klein, Friedrich, Bonner Grundgesetz und Rechtsstaat, in: ZgesStWiss, 106 (1950), S. 390-411; Carl Schmitt, Verfassungslehre, S. 130.

[310] J. St. Mill und Tocqueville vs. Rousseau: Dazu Hereth, Michael, Alexis de Tocqueville, Die Gefährdung der Freiheit in der Demokratie, Stuttgart Berlin 1979, S. 27 f. und Carl Schmitt, Verfassungslehre, S. 201.

[311] Kägi, a.a.O., S. 66; Steinberger, a.a.O., S. 259; Fikentscher, a.a.O., Bd. 3, S. 607; Grauhan, a.a.O., S. 42.

[312] Besonders deutlich BVerfGE 2, 1 (12) („SRP-Urteil"), aber schon Kägi, a.a.O., S. 184; Thoma HdbdDStR, Bd. 2, S. 608.

[313] Zum Zusammenhang von Grundwertentscheidung und Methode: Fikentscher, a.a.O., Bd. 3, S. 416.

2. Der soziale Rechtsstaat

a) Das herkömmliche Rechtsstaatsverständnis

Zunächst zum Rechtsstaatsverständnis. Die genannte Grundgesetzinterpretation sieht in der verfassungsgestützten Verpflichtung des Staates zu sozialer Tätigkeit keine Beeinträchtigung der traditionell-konstitutionellen Rechtsstaatlichkeit, welche den Schutz des Individuums gegen Herrschaftsgewalt primär durch Aufteilung und gegenseitige Kontrolle der „Gewalten" gesichert sieht, nicht nur im staatlichen, sondern strukturell auch im wirtschaftlichen und kulturellen Bereich. Sie geht mithin von der Grundannahme aus, daß nach wie vor, trotz aller zugestandenen Veränderungen im Verhältnis von Staat, Gesellschaft und einzelnem, die Freiheit eher durch den Schutz von Freiräumen der Selbstbestimmung — und die dazu erforderlichen „Kniffe und Aushilfen" — geschützt wird als durch Sozialansprüche und demokratische Mitbestimmung bei der Willensbildung für das Ganze. Freiheit wird nicht durch pathetische Proklamationen, sondern durch organisatorische und verfahrensmäßige Vorkehrungen gesichert. Verfassung als Machtkontrolle — zum Schutz der Grundrechte — zeigt sich im Rechtsstaat durch Inter- und Intraorgankontrollen, und zwar — wie Loewenstein herausgearbeitet hat — in Formen der horizontalen und vertikalen Gewaltenteilung. Die Übernahme dieses pragmatischen Gedankengutes ist wesentlicher Bestandteil des Versuches liberal-rechtsstaatlicher Interpretation des Grundgesetzes[314]. Der Schutz der Grundrechte ist dabei Wesenskern des politischen Systems der gewaltengliedernden konstitutionellen Demokratie[315]. Die horizontale Gewaltenteilung zur Gewährleistung ihrer Unantastbarkeit ist frühes konstitutionelles Gedankengut und — in der politischen Verwirklichung — wesentliches Verdienst der amerikanischen Verfassung[316]. Demgegenüber ist die balancierende, die Machtverfügung gliedernde Funktion der vertikalen Gewaltenteilung erst angesichts der steigenden Staatsmacht herausgestellt worden. Anerkennung des Subsidiaritätsprinzips, Überlagerung von Autonomien und Herrschaftspositionen, Dezentralisierung und Ausgliederung von Aufgaben und Funktionen, sind allerdings schon immer bekannte Elemente vertikaler Machtkontrolle[317]. Historisch ist zunächst der Föderalismus[318] ein Ergebnis liberalen Denkens. Ob er mit diesem steht und

---

[314] Loewenstein, Verfassungslehre, S. 127f., 167f., 188, Kaiser, Repräsentation, S. 356f.; Menger, in: Forsthoff, Rechtsstaatlichkeit, S. 48.

[315] BVerfGE 50, 290 (336f.); Loewenstein, a.a.O., S. 333f.; Carl Schmitt, Verfassungslehre, S. 39.

[316] Loewenstein, a.a.O., S. 188ff. und 232ff. und 266ff.; Steinberger, a.a.O., S. 115.

[317] Loewenstein, a.a.O., S. 295ff., S. 333ff., 367ff.; Kaiser, Repräsentation, S. 18; Fikentscher, a.a.O., Bd. 3, S. 540.

[318] Köttgen, in: Forsthoff, Rechtsstaatlichkeit, S. 433; Menger, in: Forsthoff, Rechtsstaatlichkeit, S. 68; vgl. schon Lassar, Gerhard, Die verfassungsrechtliche Ordnung der Zuständigkeiten, in: Anschütz-Thoma, Handbuch des deutschen Staatsrechts, Bd. 1, Tübingen 1930, S. 301-311 (310), der (gegen die h.M.) annahm, daß die Länder keine

2. Der soziale Rechtsstaat

fällt, ist ein Fragezeichen hinter dem „sozialen Bundesstaat" (Art. 20 Abs. 1 GG). Elemente der vertikalen Gewaltenteilung sind aber auch die kommunale[319] und institutionelle Selbstverwaltung. Vor allem die letztere — als Selbstverwaltung der Universitäten, Rundfunkanstalten, der Bundesbank, auch der Kirchen — erweist sich angesichts des Machtzuwachses in den Händen des Staates als immer bedeutsameres Mittel, öffentliche Aufgaben entpolitisiert, staatsdistanziert, neutral, zugleich sachkompetent und autonom verantwortet zu erledigen, sozusagen als eine reale Form der Ablösung der Herrschaft von Menschen „durch die Verwaltung von Sachen"[320]. Der funktionale Pluralismus der Selbstverwaltung von wirtschaftlichen, kulturellen, sozialen Kräften — ein Gruppen- oder Interessenföderalismus — ist heute weitgehend an die Stelle des regionalen Föderalismus getreten, der angesichts sozialstaatlich geforderter und forcierter Einheitlichkeit der Lebensverhältnisse und Aufgaben- wie Ausgabenverflechtung an Kraft verloren hat[321]. Rousseaus „phobie des groupements" ist der Anerkennung der Notwendigkeit gewaltenkontrollierter Pluralität gewichen (Art. 9 GG), wozu vor allem die englische Gewerkschaftsentwicklung beigetragen hat[322]. Vor allem die wirtschaftliche Selbstverwaltung und die Autonomie der Tarifpartner führt zu einer Überlagerung politischer und gesellschaftlicher (wirtschaftlicher, kultureller) Konfliktfronten, die freiheitssichernde Wirkung hat[323]. Letztlich darf nicht vergessen werden, daß auch die Grundrechtsfreiheit des einzelnen als atomisiert-pluralistische Entscheidungsfreiheit angesehen werden mag; so hat schon Otto Mayer das subjektiv-öffentliche Recht definiert als „... Macht über ein Stück öffentlicher Gewalt, dem Berechtigten durch die Rechtsordnung zugeteilt um seines Vorteils willen."[324]

---

ursprüngliche Staatsgewalt besäßen, sondern ihre Aufgaben dezentralisierte Zuständigkeiten des Reiches seien. Vgl. auch Kägi, a.a.O., S. 48, Forsthoff, Die öffentliche Körperschaft im Bundesstaat, Tübingen 1931, S. 34f. und Steinberger, a.a.O., S. 104.

[319] Menger, in: Forsthoff, Rechtsstaatlichkeit, S. 68; Schelsky, System, S. 56.

[320] Schelsky, Arbeit, S. 35, 112f.; ders. in: System, S. 57f.

[321] Kaiser, Repräsentation, S. 18; zu ähnlichem Gedanken Gneists vgl. Carl Schmitt, Verfassungslehre, S. 132.

[322] Dazu jetzt Birke, Wolf, Pluralismus und Gewerkschaftsautonomie in England, Stuttgart 1979, pass.; zu den Pluralismustheorien von O.v. Gierke, Harold Laski, Fraenkel und Kaiser, vgl. Loewenstein, Verfassungslehre, S. 367f.

[323] Dazu Kaiser, Repräsentation, pass.; Dahrendorf, Ralf, Elemente einer Theorie des sozialen Konflikts, in: Gesellschaft und Freiheit, München 1965, S. 197f.; Schelsky, System, S. 55; Fleischmann, in: Widmaier, Hans Peter, Politische Ökonomie des Wohlfahrtsstaates, Eine kritische Darstellung der Neuen politischen Ökonomie, Frankfurt 1974, S. 146.

[324] Deutsches Verwaltungsrecht, Bde. 1 und 2, 3. Aufl., Berlin 1924, Nachdruck Berlin 1969 (Bd. 1, S. 104); dazu auch Carl Schmitt, Verfassungslehre, S. 39 und Loewenstein, Verfassungslehre, S. 133f.

III. Grundgesetz als Verfassung des sozialen Rechtsstaates

b) Das „Soziale" als Gestaltungsauftrag des Staates

Wenn sich der Rechtsstaat im traditionell bürgerlich-rechtsstaatlichen Verständnis primär der Freiheit annimmt, so kommt die Gleichheit vielfach zu kurz: hier Ausgleich zu schaffen, ist die Aufgabe des Sozialstaates. In zurückhaltenderem Verständnis soll der Staat als „Hüter der sozialen Gerechtigkeit" die wirtschaftlich Schwachen unterstützen, den status quo korrigieren, teilen, verteilen und zuteilen[325]; weitgehend wird von ihm erwartet, „schädliche Auswirkungen schrankenloser Freiheit zu verhindern und die Gleichheit fortschreitend bis zu dem vernünftigerweise zu fordernden Maße zu verwirklichen"[326]. Die h. M. verweist bei der vorsichtigen Interpretation des Attributes „sozial" auch darauf hin, daß das Grundgesetz keinen status positivus begründet habe, insbesondere nicht — wie noch die Weimarer Reichsverfassung in Art. 10, 155, 156, 157, 163, 164 — den Grundrechtekatalog sozialprogrammatisch erweitert habe[327]. Vielmehr ist es Aufgabe des Staates, die justitia distributiva zu konkretisieren, um deren Verteilerschlüssel Parteien und Verbände mit den staatlichen Organen ringen[328]. Es ist vorwiegend die Exekutive, die in einem „dynamisch spiraligen" Prozeß die Sozialansprüche erfüllt, die sich jeweils am deutlichsten, überzeugendsten (und deshalb mehrheitsfähig) artikulieren[329]. Sie ist dabei — auch in der Leistungsverwaltung — an Vorrang und Vorbehalt des (jedenfalls Budget-) Gesetzes gebunden, welches angesichts der den sich rasch wechselnden Umständen, Forderungen, Mehrheiten, kurzfristig anpassenden Flexibilität immer mehr den Charakter des Programmes, Planes, des Maßnahme- und Ermächtigungsgesetzes annimmt[330].

---

[325] BVerfGE 1, 97 (104); Huber, Kulturstaat, S. 4: „sozialer Rechtsstaat" — nicht der Staat des sozial-revolutionären Marxismus, sondern der bürgerlichen Sozialreform (L. von Stein); dazu auch Lerche, a.a.O., S. 230 („sozialer Rechtsstaat" als institutionelle Garantie, als Auftrag an den Gesetzgeber zur Beseitigung sozialer Mißstände, letztlich als allgemeine Ermächtigung des Gesetzgebers zur Aufrichtung neuer Ordnungen); Badura, Auftrag und Grenzen der Verwaltung im sozialen Rechtsstaat, in: DÖV 1968, S. 446-455 (446f.); Carl Schmitt, Verfassungslehre, S. 162; Marti, a.a.O., S. 15 (Sozialstaat als „Archetypus der Großen Mutter"); Forsthoff, in: Forsthoff, Rechtsstaatlichkeit, S. 188.

[326] BVerfGE 5, 85 (206), („KPD-Urteil"), so auch Krüger, Staatslehre, S. 810 und Lerche, a.a.O., S. 230 in der 3. Alternative.

[327] vgl. auch Artikel 22-27 der UNO-Menschenrechts-Deklaration, Artikel 27-47 der Hess. Verf., Artikel 151ff. der BayVerf.; Artikel 23ff. der Rh-PfVerf.; Artikel 37ff. der BreVerf.; Artikel 5ff. und 24ff. der NW-Verf.

[328] Weber, Werner, Die verfassungsrechtlichen Grenzen sozialstaatlicher Forderungen, in: Der Staat 4 (1965), S. 409-439 (417 m.w.N.); Forsthoff, Lehrbuch des Verwaltungsrechts, 1. Bd.: Allgemeiner Teil, 10. Aufl., München 1973, S. 275.

[329] Zacher, in: Ipsen-Festschrift, S. 245, 256.

[330] Forsthoff, Lehrbuch, a.a.O.; Kägi, a.a.O., S. 123; Habermas, a.a.O., S. 196; Zacher, a.a.O., S. 260f.

c) Der soziale Rechtsstaat

Das Grundgesetz hat sich für den „sozialen Rechtsstaat" (Art. 28 Abs. 1 GG) entschieden. Da die „Sozialstaatlichkeit" im Gegensatz zur „Rechtsstaatlichkeit" nicht näher definiert oder ausgeformt ist, kam es zu der Auffassung, beide Verfassungsgrundsätze seien nicht miteinander vereinbar[331]. Da die Verfassung sich im Hinblick auf die „Sozialstaatlichkeit" mit der Proklamation begnüge, müsse dem in Grundrechten und Gewaltenteilung detaillierten rechtsstaatlichen Element der höhere Rang zuerkannt werden. Am deutlichsten hat in jüngster Zeit von Hayek dieser Auffassung Ausdruck verliehen, indem er „sozial" als „Wiesel-Wort" bezeichnete. „So wie das kleine Raubtier ... angeblich aus einem Ei allen Inhalt heraussaugen kann, ohne daß man dies nachher der leeren Schale anmerkt, so sind diese Wiesel-Wörter jene, die, wenn man sie einem Wort zufügt, dieses Wort jedes Inhalts und jeder Bedeutung berauben. Ich glaube, das Wiesel-Wort par excellence ist das Wort „sozial". Was es eigentlich heißt, weiß niemand. Wahr ist nur, daß eine soziale Marktwirtschaft keine Marktwirtschaft, ein sozialer Rechtsstaat kein Rechtsstaat, ein soziales Gewissen kein Gewissen, soziale Gerechtigkeit keine Gerechtigkeit — und ich fürchte auch, soziale Demokratie keine Demokratie ist."[332] Dieser liberalistisch unzweideutig scharfen Kritik folgt die überwiegende Meinung nicht. Sie ist vielmehr der Meinung, daß sozialstaatliche Verpflichtung und rechtsstaatliche Formen miteinander vereinbar seien[333], im „sozialen Rechtsstaat" also nicht ein neuer Staatstypus geschaffen sei. Allerdings wird gemahnt, die Sozialstaatlichkeit nicht durch juristische Überforderung des Begriffes[334] zulasten der Rechtsstaatlichkeit aufzuwerten: Der soziale Rechtsstaat bleibe primär Rechtsstaat, die Form sei wichtiger als der Inhalt[335]; wenn Sachwert gegen Rechtswert stehe, sei letzterem der Vorzug zu geben[336].

---

[331] Klein, ZgesStWiss 106 (1950), S. 390f.; Krüger, Staatslehre, S. 815 (mit dem Rechtsstaat im materiellen Sinne ist eine Verbindung nicht möglich); Forsthoff, Sozialstaat, S. 10, ders., in: Forsthoff, Rechtsstaatlichkeit, S. 179f., 187f. (Die Formel „sozialer Rechtsstaat" sei kein Rechtsbegriff); ders., in: Umbildung, S. 61; ders., in: Verfassungsauslegung, S. 12; Triepel hat sich schon in VVDStRL 7 (1931), S. 187 gegen alle adjektivischen Verkleinerungen und Einengungen des Rechtsstaates gewandt.

[332] Wissenschaft und Sozialismus, S. 16.

[333] BVerfGE 1, 97 (104); Ipsen, in: Forsthoff, Rechtsstaatlichkeit, S. 23; Köttgen, in: Forsthoff, Rechtsstaatlichkeit, S. 440f.; Bachof, in: Forsthoff, Rechtsstaatlichkeit, S. 210; Menger, in: Forsthoff, Rechtsstaatlichkeit, S. 39; Huber, Wirtschaftsverwaltungsrecht, Bd. 1, S. 46; Krüger, Staatslehre, S. 734; Häberle, a.a.O., S. 38, 121 (Sozialstaat als Forderung der Freiheitsidee; Ausgleich durch Güterabwägung); Marti, a.a.O., S. 27; Morstein Marx, Amerikanische Verwaltung, S. 169.

[334] Maier, in: Sprache und Politik, S. 8.

[335] Bachof, in: Forsthoff, Rechtsstaatlichkeit, S. 217, 223; Krüger, Staatslehre, S. 798; so schon Carl Schmitt, HdbdDStR, Bd. 2, S. 584 und ders., Verfassungslehre, S. 30; diese Interpretation gesteht (historisch) auch Hartwich, Hans-Hermann, Gesellschaftliches Sozialstaatspostulat und status quo, Köln und Opladen 1970, S. 25 ff. und 299 ff.

[336] Krüger, a.a.O., S. 738.

III. Grundgesetz als Verfassung des sozialen Rechtsstaates

3. Die repräsentative Demokratie

Konsequent interpretiert die überwiegende Meinung auch die parlamentarische Parteiendemokratie (Artikel 20, 21, 38 GG) in Richtung ihrer liberalen Komponente. Das Bürgertum kämpfte um Freiheit und Mitwirkung. Der konstitutionelle Rechtsstaat führte zur repräsentativen Demokratie. Das Grundgesetz hat sich primär für die liberale antiegalitäre Demokratie — im Sinne Montesquieus, des Federalist, Tocquevilles — und gegen die radikale egalitäre Demokratie (Rousseauscher Prägung) entschieden. Auch hier geht Freiheit vor Gleichheit[337]. Das Parlament, dessen Mitglieder nur ihrem Gewissen unterworfen sind (Artikel 38 GG) repräsentiert das Volk. Die parlamentarische Demokratie ist die Staatsform der freiheitlichen, „offenen Gesellschaft", sei es, daß die „richtige" politische Entscheidung nach traditioneller Auffassung (noch) durch „wahrheitssuchende Diskussion"[338] gefunden wird oder sich verschiedene Wahrheiten nach pluralistischem Konzept alternierend durchsetzen[339]. Wenngleich auch die h.M. anerkennt, daß der klassische Parlamentarismus angesichts der veränderten sozialen Bedingungen und der Vervielfachung legislatorischer Aufgaben in eine Krise geraten und in der Willensbildung weitgehend durch das Parteienwesen (Artikel 21 GG) überformt ist[340], wird der Auffassung widersprochen, an die Stelle der parlamentarischen Demokratie sei der massendemokratische Parteienstaat getreten, dem die Repräsentativkörperschaften nur als plebiszitäre Hilfsorgane dienten[341]. Insbesondere Hermens[342] hat Leibholz' These angegriffen, mit dem Wandel des liberalen zum sozialen Rechtsstaat sei auch der „liberale Parlamentarismus" durch die der neuen Staatsart angemessenere Staatsform des Parteien- (und Interessenverbände-) Staates abgelöst worden: von einem „liberalen Parlamentarismus" (wie Leibholz) könne man schon deswegen nicht sprechen, weil Ideologien und Institutionen kaum je eine Wesensbindung eingingen. So hätten (zum Beispiel) parlamentarische Einrichtungen schon bestanden, ehe es einen modernen Liberalismus gegeben habe, und sie seien auch stets mit anderen Ideologien vereinbar gewesen, gleichgültig, ob es sich dabei um konvervative, christlich-demokratische oder sozial-demokratische gehandelt habe.

---

[337] Steinberger, a.a.O., S. 260; Carl Schmitt, Verfassungslehre, S. 147, 150, 158, 200; Thoma, HdbdDStR, Bd. 1, S. 192.

[338] So noch Radbruch, HdbdDStR, Bd. 1, S. 286.

[339] BVerfGE 5, 85 (135); Fraenkel, in: Deutschland und die westlichen Demokratien, 4. Aufl., Stuttgart—Berlin 1968, S. 13ff.

[340] So schon Carl Schmitt, Parlamentarismus, S. 10f.; Kelsen, Demokratie, S. 22; Kaiser, Repräsentation, S. 9, BVerfGE 41, 399 (414f.).

[341] BVerfGE 41, 399 (416f.); a.A. aber Leibholz, Auflösung, S. 51.

[342] Parteien, Volk, Staat, S. 8.

4. Die Grundrechte

a) Grundrechte als Spiegel des Verfassungstypus

„Jede konkrete Art Staat (hat) ihre ganz spezifischen Grundrechte."[343] Die Fundamentalrechte einer ständischen Monarchie sind nicht nur inhaltlich, sondern auch in ihrer rechtslogischen Struktur anders geartet als die individuellen Freiheitsrechte einer liberalen Demokratie oder die Grundrechte des Volkes in einem sozialistischen Klassenstaat. Da die Grundrechte der Kernbestandteil[344] auch des sozialen und demokratischen Rechtsstaates des Grundgesetzes sind, nimmt es nicht wunder, daß die Unterschiede zwischen dem freiheitlich-demokratischen und sozial-demokratischen Grundgesetzverständnis sich vor allem in der Grundrechts-Interpretation niederschlagen. Dabei sind die Freiheitsrechte der Intim- und Privatsphäre[345] ebenso betroffen wie die gesellschaftlichen Freiheiten[346] und die Rechte des freien und gleichen Zuganges zur politischen Öffentlichkeit[347]. Auch bei den Interpretationsunterschieden im Hinblick auf die Grundrechte ist jedoch — wie beim Sozialstaats- und Demokratieverständnis — der Fundus gemeinsamen methodischen Ansatzes beträchtlich. Einvernehmen herrscht nämlich dahingehend, daß die Grundrechte einen Doppelcharakter haben[348], janusköpfig sowohl wesentlicher liberaler Bestandteil der Verhältnisordnung[349] zwischen Staat und Gesellschaft wie zugleich Element der verfassungsrechtlichen Wertordnung sind[350]. Die überwiegende, hier zunächst zu besprechende Meinung sieht in ihnen — konsequent im Gefolge ihres Verständnisses der Staatsstrukturbestimmungen — primär subjektive Rechte, Schranken staatlicher Tätigkeit. Einhergehend mit den unzweifelhaften Veränderungen im Verhältnis von Staat und Gesellschaft, überwiegen bei der Gegenmeinung objektive Deutungen; in der Wende zum materialen Verfassungsverständnis werden in den Grundrechten primär staatsbegründende, -hervorbringende, -legitimierende, -integrierende Grundwerte, objektiv-

---

[343] Carl Schmitt, HdbdDStR Bd. 2, S. 578.

[344] Zur typologischen Einordnung des Grundrechtekataloges neben Carl Schmitt, a.a.O., auch ders. in: Verfassungslehre, S. 39, und Loewenstein, a.a.O., S. 335.

[345] Krüger, Staatslehre, S. 539; Carl Schmitt, HdbdDStR Bd. 2, S. 597; von Mangoldt/Klein, a.a.O., S. 59.

[346] Carl Schmitt, HdbdDStR, Bd. 2, S. 591.

[347] Krüger, Staatslehre, S. 539; Carl Schmitt, Verfassungslehre, S. 200; Klein, Grundrechte, S. 38; Habermas, Strukturwandel, S. 243.

[348] Häberle, a.a.O., S. 70f.

[349] Krüger, Staatslehre, a.a.O., S. 526ff., Carl Schmitt, HdbdDStR Bd. 2, S. 604; ders., in: Verfassungslehre, S. 39; Habermas, a.a.O., S. 249; Maier, in: Bergedorfer, S. 9.

[350] Ridder, HdGrR, Bd. 2, S. 249f.; Leibholz, Gleichheit, S. 253; ders., in: Auflösung, S. 27; Kägi, a.a.O., S. 26f.; Wagner, Heinz, Öffentlicher Haushalt und Wirtschaft, (Mitbericht), in: VVDSTRL 27 (1969), S. 47-81 (47f.); Habermas, a.a.O., S. 242f.; a.A. Krüger, Staatslehre, S. 945.

rechtliche Institutionen gesehen. Einig ist man sich — über diese Unterschiede hinweg — auch darin, daß — schon vom Grundrechte-Wortlaut her, geschweige denn unter Berücksichtigung der sozialstaatlich-demokratischen Entwicklung — die Vorstellung liberalistischer, absoluter Freiräume ein Fehlverständnis ist, Grundrechte also in jedem Falle auch Verpflichtungscharakter haben[351].

b) Grundrechte als subjektiv-öffentliche Rechte

Nach der überwiegend vertretenen Auffassung sind die Grundrechte in erster Linie subjektive Rechte, die das Verhältnis des einzelnen zum Staat bestimmen, seine Freiheit im Staat garantieren. Deren Definition ist das Hauptproblem der Grundrechtsauslegung und -anwendung. Es stellt sich in der Statuslehre, wobei die Status (als status passivus, negativus, positivus und activus) ausgestaltete und dauerhafte Rechtspositionen sind, zu der sich einzelne (Grund-) Rechtssätze zusammenschließen[352]. Die freiheilich-rechtsstaatliche Auffassung ist noch weitgehend vom Eingriffs- und Schrankendenken beherrscht. Freiheit ist für sie — konkret-realistisch betrachtet — ein Freiraum, innerhalb dessen der einzelne tun und lassen kann, was er will. Alle Freiheit ist „Freiheit von etwas", einfach Freiheit von gesetzwidrigem Zwang[353]. Damit bezeichnet der status negativus letztlich das Hauptgrundrecht des Gesetzmäßigkeit der Verwaltung. Diese Interpretation stützt sich insbesondere auf Artikel 1 Abs. 1 Satz 2 GG, wonach es Verpflichtung aller staatlichen Gewalt ist, die Menschenwürde „zu achten und zu schützen". Dieses staatsdistanzierende Freiheitsverständnis gilt jedenfalls für die Privatsphäre (der einzelne als homme) und den Bereich der Wirtschafts- und Kulturgesellschaft (der einzelne als bourgeois). Darüber hinaus steht der einzelne dem Staat gegenüber im status positivus. Allerdings sind die Grundrechte nach der überwiegenden Meinung auch in diesem Status nicht Garantienormen einer tatsächlichen Freiheit mit gleichheitlichen Zügen, sondern beschränken sich auf die rechtliche, formelle Freiheit. Immerhin hat der einzelne im status positivus einen Anspruch auf die Unterlassung und Beseitigung von Rechtsbeeinträchtigungen und in bestimmten Fällen möglicherweise auch einen Teilhabeanspruch an (sozial-)staatlichen Leistungen, der sich in der Regel in der chancengleichen Teilnahme an der Verteilung knapper Güter konkretisiert;

---

[351] Dazu schon Carl Schmitt, HdbdDStR, Bd. 2, S. 585; Maier, Bergedorfer, a.a.O., S. 9; Krüger, Staatslehre, S. 945.

[352] Klein, Grundrechte, S. 53; Häberle, a.a.O., S. 114f., 150.

[353] BVerfGE 27, 198 (204) („Lüth-Urteil"), E. 50, 290 (337) („Mitbestimmungs-Urteil"); Gierke, Otto von, Labands Staatsrecht und die Deutsche Rechtswissenschaft, Nachdruck Darmstadt 1961, S. 37; Jellinek, Georg, System der subjektiven öffentlichen Rechte, 2. Aufl., Tübingen 1905, 2. Nachdruck Darmstadt 1963, S. 94, S. 104; Thoma, in: Nipperdey, Grundrechte, Bd. 1, S. 15, 16; Carl Schmitt, HdbdDStR, Bd. 2, S. 585 ff. (591); Forsthoff, in: Forsthoff, Rechtsstaatlichkeit, S. 177; von Mangoldt/Klein, a.a.O., S. 58; Steinberger, a.a.O., S. 21; Forsthoff, Umbildung, S. 40; Klein, Grundrechte, S. 50; Krüger, Staatslehre, S. 536 m.w.N.

einen perfekten Leistungsanspruch gewährt der status positivus nicht[354]. Nach fast allgemeiner Meinung gilt das Verständnis der Grundrechte als Abwehrrechte im status negativus sive liberatis nicht für den öffentlichen Bereich als Ort der demokratischen Staatshervorbringung, der Staatsintegration. Im Gebrauch der Bürgerrechte — der (politischen) Meinungsfreiheit, des Petitions-, Wahl- und Stimmrechtes — hat der citoyen das Recht der Selbstgesetzgebung, er steht im status activus als Kehrseite des status passivus[355]. Gerade an den Aktivbürgerrechten, an den Teilnahmerechten wird deutlich, daß das Eingriffs- und Schrankendenken für das Grundrechtsverständnis nicht ausreicht[356], vielmehr eine objektive Deutung hinzukommen muß: Denn eine Demokratie, die es der beliebigen Entscheidung des Souveräns überläßt, ob er seine Rechte ausüben will oder nicht, und ihn nicht wenigstens moralisch zur Teilnahme anhält, gibt sich selbst auf.

c) Die Grundrechte als Elemente der objektiven Staatsordnung

Die Grundrechte haben neben der subjektiven eine objektive Dimension. Sie bezeichnen einmal materiale Werte, Grundelemente der objektiven Staatsordnung, in deren Anerkennung das Volk sich einig ist, die also die Verfassung legitimieren, und in deren Verwirklichung der Staat sich integriert[357]. Die Grundrechte sind ferner soziale Ordnungselemente[358], Strukturelemente von Staat und Gesellschaft, auch in objektivrechtlicher Sicht. In dieser Hinsicht ist der Staat gehalten, den Kernbereich der Grundrechte dadurch zu schützen, daß er Bedingungen gewährleistet, unter denen diese Rechte und Erscheinungsformen freien Handelns nicht nur normativ unberührt, sondern gesellschaftlich funktionsfähig bleiben. Beide objektiven Deutungen werden im institutionellen Grundrechtsdenken erfaßt[359].

Allerdings bringen alle Versuche der Abkehr vom liberal-rechtsstaatlichen Grundrechtsverständnis und zu objektiven Deutungen die Gefahr mit sich, die subjektiv-rechtliche Seite zu verschütten. So kann gerade im Privat- und Gesellschaftsbereich die institutionelle Interpretation, das Verständnis der Grundrechte als Institutsgarantie (Artikel 6 I, 4 I, 5 I GG u. a.) nur der Stützung und Verstärkung der individuell-freiheitsrechtlichen Seite dienen. Es ist rechtsstaatlich unzulässig, die Freiheit selbst als ein Institut, als etwas Objektivierba-

---

[354] BVerfGE 33, 303 (332f.); Schindler, a.a.O., S. 99; Klein, a.a.O., S. 63.
[355] Jellinek, System, S. 136; Kägi, a.a.O., S. 50; Krüger, Staatslehre, S. 539.
[356] Insoweit zutreffend Häberle, a.a.O., S. 228.
[357] Seit Smend, Abhandlungen, S. 265; Häberle, a.a.O., S. 4, 35f. („Höchstwerte"); Krüger, Staatslehre, S. 527; Wimmer, a.a.O., S. 111f.; Gerber, in: Forsthoff, Rechtsstaatlichkeit, S. 387 (keine Selbstverständlichkeiten, wesenseigener, politisch-polemischer Charakter einer Verfassung.
[358] BVerfGE 50, 290 (337) („Mitbestimmungs-Urteil").
[359] Häberle, a.a.O., S. 99; Habermas, a.a.O., S. 243.

res, Gegebenes, Auszugestaltendes, als „Freiheit zu etwas" anzusehen, das der Formung, Richtung, des Maßes bedarf[360]: „Die Freiheit ist kein Rechtsinstitut", „die Freiheit konstituiert nichts"[361]. In der Sozialsphäre wird man insbesondere nicht so weit gehen können, aus einem überzogenen institutionellen Grundrechtsverständnis jedes Freiheitsrecht zwecks Steigerung von (Chancen-) Gleichheit als ausgestaltbar und einschränkbar anzusehen (Artikel 14 I, 9 I GG u.a.)[362]. Primär geht das Grundgesetz von der sich selbständig regulierenden Markt- und Wettbewerbsgleichheit aus; die Freiheit ist zur Erzielung von mehr Gleichheit und im Rahmen des Gesetzesvorbehaltes einschränkbar. Hingegen sind die Grundrechte in der öffentlichen Sphäre um der Aktualisierung der in ihnen garantierten Freiheiten gegeben (Artikel 4 I, 9 I, 17, 38 II GG u.a.); sie sind als Institutionen Elemente der Gesamtrechtsordnung in der Demokratie nicht mehr Abwehrrechte gegen den Staat, sondern Mittel zum Zweck der Konstituierung und Integration des Staates[363]. Dasselbe gilt für die institutionellen Garantien der Presse- und Wissenschaftsfreiheit (Artikel 5 Absatz I Satz 2, Absatz III GG) und die Tarifautonomie (Artikel 9 Absatz III GG): die objektiv-rechtliche Geltung überwiegt, ihr Gebrauch kann nicht völlig ad libitum gewährleistet sein; wird von ihnen nicht Gebrauch gemacht, so fehlen der staatlichen Ordnung wesentliche, balancierende Elemente der Gesamtrechtsordnung.

d) In dubio pro libertate

Für die Grundrechtsauslegung gilt demnach im Grundgesetzverständnis der überwiegenden Meinung — wie für die Auslegung der Staatsstrukturbestimmungen — der Grundsatz: in dubio pro libertate, diese näherhin interpretiert als liberale Freiheit. Wenn es m.a.W. einen Widerspruch zwischen subjektiver Grundrechtsgeltung und objektiver institutioneller Bedeutung gibt, so ist er zugunsten der liberal-rechtsstaatlichen Sicht zu entscheiden[364]. Das Grundgesetz ist sich der sozialen und demokratischen Abhängigkeit der Freiheit bewußt; deshalb kennt es Schrankenvorbehalte, aber keinen umfassenden Inhaltsbestimmungsvorbehalt (wie in Artikel 14 Absatz 1 Satz 2 GG)[365]. Das bedeutet zunächst, daß die Grundrechte des status negativus als staatsbegrenzend zu verstehen sind, keine unmittelbare Drittwirkung gegen gesellschaftliche Kräfte entfalten. Es mag sein, daß das Individuum heute des staatlichen Schutzes gegen gesellschaftliche Kräfte in gleichem Umfange bedarf wie der Abwehr gegen den

---

[360] So aber Häberle, a.a.O., S. 99 und Maier, in: Bergedorfer, S. 9.

[361] So zutreffend schon Carl Schmitt, Aufsätze, S. 67; ders., in: Verfassungslehre, S. 200; Steiger, in: Schelsky, Institution, S. 111.

[362] So aber Häberle, a.a.O., S. 121.

[363] Ridder, HdbdGrR Bd. 2, S. 249f.; Leibholz, Auflösung, S. 11; Hesse, Lehrbuch, S. 112; Krüger, Staatslehre, S. 539.

[364] BVerfGE 7, 198 (204); im Ergebnis auch E 50, 290 (344f.).

[365] Klein, a.a.O., S. 72.

4. Die Grundrechte

Staat[366]; der rechtspolitische Zweck mag sich vermittels einer Verfassungsverwirklichung durch die Generalklauseln des Gesetzesrechtes erreichen lassen[367]: eine Ausweitung des status negativus würde die freiheitssichernde Scheidewand zwischen Staat und Gesellschaft zum Einsturz bringen. — Das bedeutet ferner, daß es — entgegen der Regelung in manchen Landesverfassungen — keine „sozialen Grundrechte" gibt, eine sozialstaatlich-positive Grundrechtsinterpretation prinzipiell[368] nicht zulässig ist. Grundrechte können nicht beides zugleich sein: Anspruch auf unmittelbare staatliche Aktion und deren Negation[369]. — Die Grundentscheidung für das freiheitlich-demokratische Grundgesetzverständnis bedeutet letztlich, daß es eine demokratisch-funktionale Grundrechtsinterpretation prinzipiell[370] nicht gibt[371]. Die Grundrechte sind m.a.W. nicht allgemein in Grundpflichten umzudeuten. Von der Proklamation demokratischer Bürgerpflichten hat das Grundgesetz abgesehen; ebenso von einer dem staatsbürgerlichen Wahl- und Stimmrecht korrespondierenden Wahl- und Stimmpflicht. Die Ausübung der Aktivbürgerrechte ist keine verfassungsrechtlich verbindliche öffentliche Aufgabe, wenngleich diese Feststellung auch dem Plädoyer für eine staatsbürgerlich-moralische Pflichterfüllung nicht im Wege steht.

---

[366] Krüger, Staatslehre, S. 544.
[367] Nipperdey, HdbdGrR, Bd. 2, S. 19; kritisch: Klein, a.a.O., S. 56f.
[368] Einzelfragen etwa zu den Artikeln 6 IV oder 7 IV GG sind hierdurch nicht entschieden.
[369] Klein, a.a.O., S. 72; sehr weitgehend BVerfGE 33, 303 (331); a.A. Ridder, HdbdGrR Bd. 2, S. 259, der die Auffassung vertritt, die liberale Grundrechtsauffassung werde durch die soziale Komponente eingeschränkt, indem auf Kosten der Allgemeinheit die „materiellen Daseins- und damit wirtschaftlichen Machtausübungsrequisiten geschützt" würden, Zur Problematik der Auslegung der „sozialen Grundrechte" in der WRV, siehe Forsthoff, in: Forsthoff, Rechtsstaatlichkeit, S. 169.
[370] Einzelfragen der Artikel 14 Absatz 2 und 17 a GG sind hierdurch nicht entschieden.
[371] Carl Schmitt, Verfassungslehre, S. 174f., 254; ders., in: HdbdDStR, Bd. 2, S. 594f.; Nipperdey, HdbdDStR, Bd. 4, Hbd 2, S. 773; a.A. Ridder, HdbdGrR, Bd. 2, S. 259f., der meint, es sei zulässig, den liberalen Freiheitsraum durch die demokratische Komponente einzuschränken, indem der Bürger in Pflicht genommen werde („Meinungsfreiheit als 'öffentliche Aufgabe'").

IV. Das Grundgesetz als Verfassung des demokratischen Sozialismus

1. Die Ordnungsvorstellung des demokratischen Sozialismus

a) Alte Quellen und neue Ansätze

Fügt man Auslegungsmethode und -ergebnis der vorherrschenden Meinung in den geschilderten historischen Zusammenhang der Entwicklung von politischer Philosophie und Rechtstheorie ein, so läßt sich feststellen, daß bei traditionell-positivistischem Ausgangspunkt neoliberale Gedanken[372] und Elemente einer Naturrechtsrenaissance die Verfassungsmethode prägen[373]. Alle Ansätze, sei es des Denkens in Wertbedingtheiten, sei es der institutionellen Interpretation, halten sich jedoch wertoffen im Sinne kritischer Rationalität. Das gilt im Prinzip auch für die zeitlich parallel laufenden, inhaltlich abweichenden Bemühungen, den demokratischen und sozialen Rechtsstaat (Artikel 28 Absatz 1 GG) im Sinne der Ordnungsvorstellung des demokratischen Sozialismus zu interpretieren[374]. Diese theoretischen und methodischen Bemühungen der „alten Linken" erhielten durch das plötzlich erwachende Interesse für die philosophische „Kritische Theorie" der „Frankfurter Schule" und die aus ihr gespeiste „(kritische oder) politische Jurisprudenz" seit den späten Sechzigerjahren starke Unterstützung[375]. Beide Neuansätze sind letztlich auf neomarxistisches Gedankengut zurückzuführen. Aus Unbehagen am klassischen Positivismus und Neoliberalismus, ferner Unzufriedenheit mit der politischen Entwicklung (Große Koalition ab 1966) entstanden die Studentenunruhen, welche die „neue (Rechts-)Philosophie" an die Oberfläche schwemmten und weithin bekannt machten. Es ist hier nicht der Platz, die philosophischen Bemühungen der „Kritischen Theorie" (Horkheimer, Adorno, Habermas) zu würdigen, nur soviel muß festgestellt werden, daß sie — die ersten zwanzig Jahre der Grundrechtsinterpretation überprüfend — letztlich wohl pluralistisch-fruchtbar zur Rückbesinnung auf die politischen Grundlagen der Verfassung aufrief.

---

[372] Das gilt insbesondere für die Wirtschaftsverfassung, die vom ORDO-Gedanken Euckens, Böhms, Kronsteins, Mestmäckers gekennzeichnet ist, aber auch für das pluralistische Verständnis der politischen Ordnung: der Grundgedanke ist, Macht über und durch das Verfassungsrecht zu bändigen und zu kontrollieren.

[373] Dazu Fikentscher, a.a.O., Bd. 3, S. 416f.

[374] Vor allem von Abendroth, VVDSTRL 18 (1953), S. 87f. und Hartwich, Sozialstaatspostulat, pass.

[375] Dazu m.w.W. Fikentscher, a.a.O., Bd. 1, S. 540, Bd. 2, S. 47, 273, 321, 375, Bd. 3, S. 602, 425f.

1. Die Ordnungsvorstellung des demokratischen Sozialismus

Daß der Ruf nicht ungehört blieb, zeigte sich rasch im Schrifttum[376], mit Verzögerung in der Änderung der Juristenausbildungsordnungen[377] und wird sich wohl langfristig noch vertieft in der Rechtsprechung zeigen. „Kritische Theorie" und „kritische Jurisprudenz" unternehmen letztlich den Versuch, Gesellschaft und Recht auf der (marxistischen) Grundlage der wirtschaftlichen und politischen Gegebenheiten zu kritisieren. Ihr Plädoyer für ein (neues) „politisches Recht"[378] wendet sich prinzipiell gegen die hergebrachte Methodenlehre. Ihr „neuer Realismus" will zunächst Naturrechtsrestbestände „entzaubern", das Recht „entmythologisieren"[379]; ferner wendet er sich gegen die konkretisierende Seinsorientierung des offenen Rechtes: man sieht das Problem, daß durch die Ausformung des Rechts anhand von (gesellschaftlichen, politischen, ökonomischen) Tatsachen der rechtliche Maßstab für den Schutz des einzelnen gegen diese Tatsachen verloren gehen könnte; man vereitele den Schutzzweck der Norm, wenn man sie mit der Wirklichkeit vergleiche[380]. Schließlich richtet sich die Kritik gegen das (unreflektiert) rechtsfortbildende Richterrecht[381]. Es ströme unkontrolliert in werthaltige Vorschriften und Generalklauseln ein, sei von richterlicher Mentalität, Vorurteil und politischer Meinung geprägt und letztlich „Rechtssoziologie ohne Recht". Hinter dieser Attacke gegen das gesamte hergebrachte „bürgerliche, kapitalistische" Recht, die sich „neo-positivistisch" gibt, wird natürlich bereits ein „neues Naturrecht" sichtbar. Habermas[382] glaubt, „richtiges Recht" aus der Vernunft als dem „Prinzip gewaltfreier Kommunikation" erschließen zu können (eine neue Aufklärung); ein neuer „Sollensnormativismus", der Neomarxismus[383], will auf materialistischer Grundlage (ein neuer Seinsnormativismus) Emanzipation als Sozialismus und Mitbestimmung durch das (Verfassungs-) Recht betreiben, und Wiethölters „politische Jurisprudenz"[384] schließlich will — in Wiederaufnahme des Carl Schmittschen Dezisionismus — politische Macht unmittelbar in Recht übersetzen: „Politisches Recht für unsere Gesellschaft würde mithin bedeuten,

---

[376] Mit allen erforderlichen Nachweisen die Zeitschrift „Kritische Justiz" (ab 1968).

[377] Mit einzelnen Nachweisen und kritischer Würdigung: Schelsky, Arbeit, S. 281.

[378] Statt aller Wiethölter, Rudolf, Rechtswissenschaft, Frankfurt/M.—Hamburg 1968, S. 12ff., 26ff.

[379] Wiethölter, a.a.O., S. 12; Fikentscher, a.a.O., Bd. 3, S. 607.

[380] Fikentscher, a.a.O., Bd. 3, S. 425f.

[381] Dazu Schelsky, Soziologiekritische Bemerkungen zu gewissen Tendenzen von Rechtssoziologen, in: Rehbinder, Manfred, Schelsky, Helmut: Zur Effektivität des Rechts, Jahrbuch für Rechtssoziologie und Rechtstheorie, Bd. 3, Düsseldorf 1972, S. 603-611 (609); Fikentscher, a.a.O., Bd. 3, S. 395.

[382] Erkenntnis und Interesse, Frankfurt/Main 1968, S. 59f., 234f.

[383] Rottleuthner, Hubert, Rechtswissenschaft als Sozialwissenschaft, Frankfurt/Main 1973, S. 209f.; dazu (und zu Dutschke, Habermas, Apel) Fikentscher, a.a.O., Bd. 3, S. 592f. sowie Schelsky, System, S. 22f., 37f. und ders., Arbeit, S. 143.

[384] Wiethölter, a.a.O., S. 181; zu Carl Schmitt in diesem Zusammenhang auch Kägi, a.a.O., S. 24 und Fikentscher, a.a.O., Bd. 3, S. 322.

daß sich unsere Gesellschaft als politische begreift, als handelndes Subjekt mithin organisiert und ihr Recht gewährleistet. Die Gesellschaft ist nicht rechtlich, sondern politisch verfaßt. — Wer dem Ansatz der Philosophie des „politischen Rechts" folgt, muß die „Wertoffenheit" von Verfassung und Verfassungsinterpretation verloren geben. Der Marxismus und seine Derivate glauben an die volle Erkennbarkeit der Grundwerte, Ein Recht auf anderes Denken, Pluralismus gar, oder einen Anspruch auf ein Nicht-Mitmachen-Wollen gibt es nicht. Entweder ist eine Gesellschaft auf Rationalität und Emanzipation sowie den Vollzug ihrer vorbestimmten Geschichte festgelegt und gehalten, dieses Ziel (auch) mit Hilfe der Verfassungsinterpretation zu verwirklichen, oder sie ist pluralistisch, wobei sie allerdings auch auf kritisch-politische Mahnungen hört: Beides geht nicht.

b) Verfassungsauslegung als Instrument der Transformation

Das Ziel der Verfassungsinterpretation hat Wiethölter[385] — wie folgt — beschrieben: „Als Richtschnur werden die Geschichtlichkeit aller menschlichen Existenz, welche Erfahrungen freisetzt und zu Gestaltungen ermutigt, verpflichtet oder auch von ihnen abrät, und die politische Aufgabe, die wir im Zusammenleben heute haben und für die etwa die Verfassung unseres Grundgesetzes den Rahmen gesetzt hat in der Weisung, einen demokratischen Rechts- und Sozialstaat zu verwirklichen, dienen." — Wie man sagen darf, daß sich in der Verfassungsinterpretation des Grundgesetzes als primär bürgerlich-rechtsstaatliche „freiheitlich demokratische Grundordnung" (Artikel 20 GG) Elemente neoliberalen Denkens niederschlagen, so läßt sich ebenfalls feststellen, daß in allen Bemühungen, einen sozial-rechtsstaatlichen „demokratischen und sozialen Rechtsstaat" (Artikel 28 GG) aus der Verfassung herauszulesen, graduell unterschiedlich die Ordnungsvorstellung des demokratischen Sozialismus enthalten ist. Die Grundwerte[386] sind — wie in den liberalen Methodenansätzen — Freiheit, Gleichheit und Solidarität; nur eben: auf das Verständnis dieser Grundwerte kommt es an. Der demokratische Sozialismus geht von einem gemeinschaftsbezogenen Menschenbild aus: an die Stelle des individualistisch geprägten Persönlichkeitsbildes (Kant, v. Humboldt) tritt ein sozialgeprägtes Gesellschaftsmitgliedbild (Erfurter Programm, Bernstein). Freiheit, Gleichheit, Solidarität sind nicht nur individuell zu verwirklichen, sondern zugleich und zuvörderst gesellschaftliche Aufgabe und Leistung. In dieser Hinsicht tritt Solidarität an die Spitze der Wertepyramide, als aus gemeinsamer Verbundenheit folgende Verpflichtung aller Menschen untereinander, Verantwortung für den anderen, Einstehenmüssen füreinander[387]. Aufgabe der

---

[385] a.a.O., S. 75.

[386] Abendroth, VVDSTRL 12 (1953), 87ff.; Habermas, Strukturwandel, S. 247; Grundwerte, S. 5f.

[387] Grundwerte, S. 3.

Gesellschaft ist es vor allem, jedem Selbstbestimmung zu ermöglichen, jedem (auch materiell) Gelegenheit zu geben, sich zu emanzipieren[388]. Anders als im liberalen Denken ist Freiheit nicht nur eine Wesensbestimmung des Menschen, die Gewährleistung eines Freiraumes, sondern erfüllte Freiheit[389], Be-freiung, Teilhabe an den Möglichkeiten und Gütern der Gesellschaft und Teilnahme an allen Willensbildungs- und Entscheidungsprozessen. Vor allem ist Emanzipation gleiche Freiheit aller, nicht nur politische Gleichheit, sondern auch gesellschaftliche Gleichheit, nicht nur (Start-)Chancengleichheit, sondern tendenziell inhaltlich gleiche Freiheit[390]; jedenfalls geht es auch darum, eklatante Ungerechtigkeiten zu vermeiden.

c) Das veränderte Verhältnis von Staat und Gesellschaft

Dem liegt eine eingehende Diagnose des veränderten Verhältnisses von Staat und Gesellschaft zugrunde. Die Trennung von Staat und Gesellschaft ist die gedankliche Voraussetzung des bürgerlichen Rechtsstaates. In Überwindung der alten ständischen Gliederung hob sich die Gesellschaft als Reich der Privatinteressen in der zweiten Hälfte des 18. Jahrhunderts vom Staat als dem monopolistischen Inhaber legaler Machtausübung, ja als Repräsentanten „des Politischen" überhaupt, ab und trat zu ihm in Gegensatz[391]. Die „Dialektik" von Staat und Gesellschaft[392] beherrschte die monarchisch-demokratische Phase des liberalen Konstitutionalismus. Mit der Ablösung dieser Verfassungs-

---

[388] Ist für Kant „Emanzipation" bekanntlich noch aufklärerisch das Heraustreten des Menschen aus selbstverschuldeter Unmündigkeit, so wird der Begriff durch und über Marx auf den Freiheitsbegriff insgesamt übertragen; bei Habermas schließlich tritt das „emanzipative Interesse" neben das theoretische und praktische (Erkenntnis und Interesse, S. 36f.); vgl. zur inflationierten Begriffsentwicklung Baier, Horst, in: Freiheit und Sachzwang, Beiträge zu Ehren Helmut Schelskys, Opladen 1977, S. 24; Schelsky, Arbeit, S. 184f., 214f., 220f.; Eckert, Roland, Wissenschaft und Demokratie — Plädoyer für eine verantwortliche Wissenschaft, Tübingen 1971, S. 13; Roth, Heinrich, 25 Jahre Bildungsreform in der Bundesrepublik, Bilanz und Perspektiven, Bad Heilbrunn 1975, S. 101f.

[389] Grundwerte, (zu Bernstein), Schelsky, System, S. 32; ders., Arbeit, S. 220f., S. 270f.; Fikentscher, a.a.O., S. 503, 551, 627; vorsichtig gegen ein ultrarealistisches „Freiraumdenken" — Freiheit nur als „Freiheit von ..." — auch Maier, Bergedorfer, S. 9.

[390] Grundwerte, S. 9f.; Schelsky, Arbeit, S. 220.

[391] Stein, Lorenz von, Staat und Gesellschaft, 1834, S. 38; Brunner, Otto, Land und Herrschaft, Grundfragen der territorialen Verfassungsgeschichte Österreichs im Mittelalter, 5. Aufl., Wien 1965, Nachdruck Darmstadt 1973, S. 128; Hintze, Otto, Gesammelte Abhandlungen, 1. Bd.: Staat und Verfassung, Gesammelte Abhandlungen zur Allgemeinen Verfassungsgeschichte, hrsg. von Gerhard Oestreich, 2. Aufl., Göttingen 1962, S. 489; Carl Schmitt, Verfassungslehre, S. 165, 309; Abelein, Manfred, Die Kulturpolitik des Deutschen Reiches und der Bundesrepublik Deutschland, Köln und Opladen 1968, S. 220; Kaiser, Streik S. 10.

[392] Die sich etwa darin äußerte, daß der Staat als „juristische Person" konstituiert wurde und wird, dazu Häfelein, Ulrich, Die Rechtspersönlichkeit des Staates, 1. Teil: Dogmengeschichtliche Darstellung, Tübingen 1959, passim.

ordnung durch den Sozialstaat republikanisch-demokratischer Form dieses Jahrhunderts verzahnten sich die Bereiche von Gesellschaft und Staat aber bis zur Unentwirrbarkeit. Zunächst greift der Staat immer tiefer in die gesellschaftliche Sphäre ein[393]. Der „moderne Staat" der heutigen Zeit wird an Zwecken und Aufgaben gemessen, die größtenteils noch außerhalb des Gesichtskreises des „modernen Staates der Neuzeit" lagen[394]. Mit der („neomerkantilistischen") Regulierung und Förderung der Wirtschaft, der Ermöglichung von Bildung und Wissenschaft, der umfassenden sozialen Sicherung und Daseinsvorsorge ist eine „Entgrenzung der Staatsaufgaben" eingetreten[395]. Dadurch wurde die Wirtschafts-, Berufs- und Kulturgesellschaft als unantastbarer Bereich des Privaten zerstört. Wie Habermas[396] nachgewiesen hat, ist durch den massenweisen Kulturkonsum und die Dominanz von Verbänden und Parteien aber auch der Bereich der (ursprünglich staatsfreien) politischen Öffentlichkeit verändert worden. Das „räsonnierende", meinungsbildende Publikum ist unter dem Einfluß der Massenmedien zur plebiszitären „öffentlichen", „veröffentlichten" Meinung geworden, vor der sich das Organ der „öffentlichen Meinung", das Parlament, darstellt, statt sie zu repräsentieren. In umgekehrter Richtung dringt die in Gruppen, Verbänden, Parteien organisierte Gesellschaft immer tiefer in den Staat ein, um seine Willensbildung in ihrem Sinne zu beeinflussen[397]. An die Stelle von Marktfreiheit ist der Lobbyismus der „vested interests" getreten. Weniger offensichtlich, aber genauso wirksam, findet eine „Refeudalisierung" der Gesellschaft durch die „Flucht des Staates aus dem öffentlichen Recht" statt. Immer mehr öffentliche (auch originäre Staats-)Aufgaben werden auf gesellschaftliche Kräfte und Private übertragen. Vertrag und Abmachung, Absprache und „konzertierte Aktion" treten an die Stelle von Gesetz und Verwaltungsakt. Daß auch aus dieser Richtung die „politische Öffentlichkeit" mit dem Staat verschmilzt, zeigt sich gerade am Erstarken der Parteien. Insgesamt ist denn auch kaum jemand noch bereit, an der strikten Trennung von Staat und Gesellschaft festzuhalten[398]. Schwer ist der Sozialanalyse des demokratischen Sozialismus etwas entgegenzuhalten: Wie (nach Radbruch) die

---

[393] Im Extremfall wird diese von jenem im Faschismus aufgesogen.

[394] Skalweit, a.a.O., S. 25.

[395] So schon Thoma, in: HdbdDStR Bd. 2, S. 233; Kaiser, Streik, S. 13; Grauhan, Grenzen, S. 29/30; Scheuner, Pressefreiheit, in: VVDSTRL 22 (1965), S. 1-100; Badura, a.a.O., S. 158 f.

[396] a.a.O., S. 158 f.

[397] Habermas, a.a.O., s. 157 f; im Extremfall macht jene diesen überflüssig, bringt ihn im Marxismus „zum Absterben".

[398] Für die Aufrechterhaltung plädieren insbesondere Böckenförde und Hennis in ihren genannten Schriften; mit Vorbehalt und als gedanklichen Anhalt will Oppermann, a.a.O., S. 10, an der Scheidung festhalten. Die Richtigkeit des Befundes im Kern anerkennend: Schindler, a.a.O., S. 62 (er schlägt vor, von Staatlichem und Außerstaatlichem zu sprechen); Zacher, Wirtschaftsverfassung, S. 90; Kaiser, Repräsentation, S. 164 f., 210 f.; Schelsky, Einsamkeit und Freiheit, Idee und Gestalt der deutschen Universität und ihrer Reform, Reinbek 1963, S. 132 f.; ders., Abschied von der Hochschulpolitik oder Die

Überparteilichkeit die „Lebenslüge des Obrigkeitsstaates" gewesen sei, so sei heute das Unpolitischsein der (vom Staat geschiedenen) Gesellschaft die Lebenslüge einer Privilegiengesellschaft, ein zur „defensiven Fiktion" entartetes Gedankengebäude[399]. In der Tat hat sich zwischen der auf die Familie reduzierten Privatsphäre und dem Bereich des hoheitlich tätigen Staates eine repolitisierte Sozialsphäre gebildet, in der sich Staat und gesellschaftliche Institutionen zu einem einzigen, nach Kriterien des Öffentlichen und des Privaten nicht mehr klar zu differenzierenden Funktionszusammenhang zusammenschließen. Hier hat sich ein neues Sozialrecht (z. B. als Arbeitsrecht) als gemischt öffentliches/privates Recht gebildet, hat eine „Publizierung des Privatrechtes" („Parteienrecht") und „Privatisierung des öffentlichen Rechts" (Verwaltungsprivatrecht) stattgefunden. Die Durchbrechung des klassischen Dienstrechtssystems ist ein weiterer Beleg für diesen Befund.

d) Durchstaatlichung der Gesellschaft und Vergesellschaftung des Staates

Insgesamt sind Durchstaatlichung der Gesellschaft und Vergesellschaftung des Staates nur die einander ergänzenden zwei Seiten eines und desselben Vorganges, der im Sozialstaat und in der Demokratie als der übergreifenden politischen Ordnung ihren eigentlichen Ausdruck findet und nach der Meinung des demokratischen Sozialismus auch eine neue verfassungsrechtliche Konzeption erzwingt, vor allem im Hinblick auf die Rechte des einzelnen, dessen Persönlichkeitsentfaltung Hauptanliegen der Gemeinschaft ist. Nicht rückgängig zu machenden, unentwirrbaren Verflechtungen von Staat und Gesellschaft und der gesellschaftlichen Ordnung des demokratischen Sozialismus entspricht ein bewußt und planvoll neu zu gestaltender sozialer Wohlfahrtsstaat, der die Methode demokratischer Willensbildung auch in Wirt- und Gesellschaft zur Anwendung bringt[400]. Der soziale und demokratische Wohlfahrtsstaat ist — anders als der liberal-freiheitlich orientierte bürgerliche Rechtsstaat — tendenziell egalitär demokratisch und tendenziell egalitär sozial[401]. Da nun die neue Gesellschaftsordnung des demokratischen Sozialismus, da Sozialstaat und eine in die Gesellschaft erstreckte Demokratie nicht in die rechtsstaatliche, repräsentativ-demokratische Verfassungsordnung des Grundgesetzes aufgehen[402], läge es nahe, den Typus des sozialen Rechtsstaates sozialstaatlich zu transformieren,

---

Universität im Fadenkreuz des Versagens, Bielefeld 1969, S. 180, Grundwerte, S. 14; Habermas, a.a.O., S. 167 f.; Badura, a.a.O., S. 31, Wagner, VVDSTRL 27 (1969), 77; Huber, Hans, Recht, Staat und Gesellschaft, Bern 1954, S. 34; Ehmke schlägt in Staat und Gesellschaft als verfassungstheoretisches Problem, in: Staatsverfassung und Kirchenordnung, Festgabe für Rudolf Smend, Göttingen 1962, S. 23 ff. vor, von „civil society" und „government" zu sprechen.

[399] Grundwerte, S. 14.
[400] Abendroth, in: Forsthoff, Rechtsstaatlichkeit, S. 135.
[401] Grundwerte, a.a.O., S. 6; Zacher, in: Ipsen-Festschrift, S. 222.
[402] Abendroth, a.a.O., S. 127; so auch schon Carl Schmitt, Verfassungslehre, S. 30.

was nur durch eine Reihe grundlegender Verfassungsänderungen — vor allem im Grundrechteteil —, letztlich durch eine Verfassungsrevision erreichbar erscheint.

e) Teilhabe und Teilnahme als Forderungen des demokratischen Sozialismus

Es müßte nach Meinung des demokratischen Sozialismus verfassungsrechtlich verankert werden, daß die Freiheit des einzelnen durch umfassende Teilhabe am verteilenden, umverteilenden, zuteilenden staatlichen Wirken materiell gesichert wird[403], daß ferner der gleichheitsgestützte Demokratiegedanke über den politischen Bereich hinaus auf die Sozialsphäre erstreckt wird, also auch auf die Bereiche von Gesellschaft, Wirtschaft und Kultur Anwendung findet[404]. Demokratischer Sozialismus ist die Verbindung von Teilhabe- und Teilnahmeprinzip im partizipatorischen Wohlfahrtsstaat[405]. Freiheit, „Emanzipation" im demokratischen Sozialismus heißt Verbindung des demokratischen Gleichheitssatzes mit dem wohlfahrtsstaatlichen Teilhabedenken im Selbstbestimmungsgedanken[406]. Da die politischen Voraussetzungen für eine so tiefgreifende Verfassungsumgestaltung — wie sie insbesondere von Vertretern des „politischen Rechts" offen gefordert wird[407] — jetzt und auf absehbare Zeit nicht gegeben sind, bleibt nur der Weg der Verfassungsinterpretation, d.h. „die Möglichkeit, im Lichte der demokratischen Verfassung den hergebrachten Institutionen einen veränderten Inhalt zu geben."[408] Insbesondere Hartwich[409] meint, die adjektivische Formulierung „sozialer Rechtsstaat" (Artikel 20 GG) und — mag ergänzt werden — die Verankerung der „Parteiendemokratie" (Artikel 21, 38 GG) habe von Anfang an zwei Interpretationsalternativen zugelassen: die Verwirklichung des Gesellschafts- und Wirtschaftsmodells des „sozialen Kapitalismus" (parlamentarisch-demokratischer Prägung) und des Modells des „demokratischen Sozialismus". De facto hätten Politik und Verfassungsrechtsprechung die erste Alternative verwirklicht. Jetzt komme es —

---

[403] Abendroth, a.a.O., S. 127, 132, 141; Grundwerte, S. 6.

[404] Abendroth, a.a.O., S. 127f., 132, 138, 144.

[405] Zur wirtschaftlichen und sozialen Demokratie unter der Weimarer Reichsverfassung siehe Wittmayer, a.a.O., S. 51; ferner Widmaier, Hans Peter, Aspekte einer aktiven Sozialpolitik zur politischen Ökonomie der Sozialinvestitionen, in: Sanmann (Hrsg.), Zur Problematik der Sozialwissenschaften, Berlin 1970, S. 9-44 (24); Abendroth, a.a.O., S. 129f., 141f; sowie ders., in: VVDSTRL 12 (1954), S. 87; Habermas, a.a.O., S. 247; deskriptiv auch Bachof, in: Forsthoff, Rechtsstaatlichkeit, S. 213.

[406] Dazu m.w.N. Fikentscher, a.a.O., Bd. 3, 618.

[407] Nach Wiethölter hat die Gegenwart nichts mit der Vergangenheit zu tun („Wir leben in der Stunde Null"). Er fordert die „emanzipative, freiheitliche und soziale Demokratisierung einer nachfaschistischen politischen Gesellschaft", dies m.w.N. bei Fikentscher, a.a.O., Bd. 3, S. 620.

[408] Nitsch, Wolfgang, in: Nitsch, Wolfgang/Gerhardt, Uta/Offe, Klaus/Preuss, Ulrich K., Hochschule in der Demokratie, Berlin—Neuwied 1965, S. 150.

[409] a.a.O., S. 12 und pass.

1. Die Ordnungsvorstellung des demokratischen Sozialismus

Zum Wandel des Verhältnisses von Staat und Gesellschaft

	Homme	Bourgeois	Citoyen	Sujet
1. Trennung von Staat und Gesellschaft	Individualsphäre, Intimbereich, Familie	gesellschaftliche Sphäre, Wirtschaft, Markt, Beruf und Kultur, Vereinigungen, Verbände	politische Öffentlichkeit, Presse, öffentliche Meinung, Parteien	Staat, öffentliche Gewalt
	Einzelner	Gesellschaft		Staat
	Privatangelegenheiten	öffentliche Aufgaben ies	öffentliche Aufgaben iws	staatliche Aufgaben
2. jetzige Verschränkung von Staat und Gesellschaft	geschrumpfte Privatsphäre	repolisierte Sozialsphäre		Staat
3. Verstaatlichung der Gesellschaft (Sozialstaat)	reglementierend obrigkeitlich, schlicht hoheitlich, Schulpflicht, Wehrpflicht, Leistungen zur Sicherung von einzelnen und Familie; durch staatliche Garantie ihres Status entprivatisiert	reglementierend obrigkeitlich, schlicht hoheitlich, verwaltungsprivatrechtlich Kartellverbote, Förderung des Mittelstands, Enteignung und Sozialisierung, Miet- und Arbeitsrecht, Subventionen	reglementierend Presse, Parteien, Rundfunk, „veröffentlichte Meinung" als „Konsumgut"	

	Homme	Bourgeois	Citoyen	Sujet
4. Vergesellschaftung des Staates durch Übertragung von Aufgaben unmittelbarer Staatsverwaltung nicht: Selbstverwaltung als Eigenverwaltung (mittelbare Staatsverwaltung)	Beliehene einzelne (Notare, soweit nicht Beamte) nicht: private Angelegenheiten der Rechtsanwälte und Notare	Beliehene privatrechtliche juristische Personen (Technische Überwachungsvereine, Deutsche Forschungsgemeinschaft) nicht: eigene Angelegenheiten der ständischen Selbstverwaltung der Handwerkskammern etc.	Gemeinden, juristische Personen der ständischen Selbstverwaltung, Hochschulen, soweit in Auftragsverwaltung tätig nicht: eigene Angelegenheiten der Gemeinden und Sachselbstverwaltungsträger: Sozialversicherung, Hochschulen, Rundfunkanstalten (Parteien)	staatliche Behörden
5. Vergesellschaftung des Staates durch Beteiligung („Demokratisierung")	Der einzelne als Mitglied in Verbänden und Teilnehmer der öffentlichen Meinung	Vereine, Gruppen, Interessenverbände	Parteien, öffentliche Meinung (institutionalisiert in Parteien, Verbänden, Massenmedien, der Wissenschaft, und als kritisierende oder akklamierende Öffentlichkeit (Meinungsbefragung)	Parlament

1. Die Ordnungsvorstellung des demokratischen Sozialismus

	Homme	Bourgeois	Citoyen	Sujet
6. Grundrechte bei Trennung von Staat und Gesellschaft	status negativus (Religionsfreiheit)	status negativus (Vereinigungsfreiheit) (Berufsfreiheit)	status negativus (Versammlungsfreiheit)	
			status activus (Wahlrecht)	
7. Grundrechte nach Verschränkung von Staat und Gesellschaft	Rechtsstaat (status negativus)	Statusnegativus		
		„Drittwirkung" (status socialis)		
	Sozialstaat (status positivus)	Anspruch gegen Staat auf Sicherung der Freiheit		
		Teilhaberechte an gesellschaftlichen, öffentlichen (Hochschulen) und staatlichen Leistungen; Anspruch gegen Staat auf Teilung, Zuteilung, Umverteilung		
	Demokratie (status activus)	Mitbestimmung im Unternehmen		
		Mitwirkung in Hochschulen, Parteien, Verbänden Partizipation an Verwaltungsentscheidungen Teilnahmerechte („Demokratisierung"), Anspruch gegen den Staat auf Öffnung der Parteien, Verbände		

so wird gefordert[410] — darauf an, der zweiten Alternative durch Interpretationswandel zum Durchbruch zu verhelfen. Angesichts der spärlichen Hinweise im Grundgesetz für eine Öffnung zum demokratischen Sozialismus wird die Interpretation sich um ein gewandeltes Verständnis der großen, weitgehend regelungsleeren, jedoch besonders werthaltigen Staatsstrukturbestimmungen und — in der Folge ihrer Umdeutung — um eine neue Fundierung der Grundrechte bemühen. Angesichts mangelnder sprachlicher Konkretheit wird letztlich mehr aus dem Typus als aus einzelnen Verfassungsbestimmungen deduziert werden müssen[411]. Deutlich ist, daß die Interpretationsbemühungen den „sozialen Rechts- und Parteienstaat" (Artikel 28 Absatz 1, 21 GG) gegen die „freiheitlich demokratische Grundordnung (Artikel 20, 18 GG) ausspielen müssen[412].

2. Vom sozialen Rechtsstaat zum Sozialstaat

Zunächst wird der „Sozialstaat" (Artikel 20 Absatz 1 GG) als das „Lebendige, Höhere, Dynamische, Materiale" dem „bloß formalen, mechanistischen, inhaltsleeren" Rechts- und Verfassungsstaat gegenübergestellt[413]. Im inneren Zusammenhang mit den Artikeln 1 Absatz 3 und 3 Absatz 1 GG fordere Artikel 20 Absatz 1 GG, durch die Verwirklichung des Wohlfahrtsstaates, die materiale Rechtsstaatsidee des 19. Jahrhunderts wieder zu beleben[414]. Vor allem nimmt man[415] interpretatorisch zum „demokratischen und sozialen Rechtsstaat" (Artikel 28 Absatz 1 GG) Zuflucht. Insofern das soziale Prinzip eine stärkere Berücksichtigung der materiellen Gleichheit (iustitia distributiva) verlange, werde es durch das demokratische Prinzip verstärkt, vor allem

---

[410] Hartwich, a.a.O.: Wenn eine Grenzziehung zwischen Staat und Gesellschaft nicht mehr möglich sei, dann ergebe sich dadurch ein neues Verständnis für die gesellschaftspolitische Dimension der Sozialstaatsproblematik: Der Staat muß für den Verlauf des Gesellschaftsprozesses bzw. seine gesellschaftspolitisch relevanten Ergebnisse, da sie unter Machteinfluß zustande kommen, Verantwortung übernehmen; er kann diesen Prozeß nicht mehr sich selbst überlassen.

[411] Vgl. dazu den Ansatz Abendroths, a.a.O., S. 115.

[412] Abendroth, a.a.O., S. 126: Das Grundgesetz bekenne sich also durch den sozialstaatlichen Rechtsgrundsatz dazu, das überkommene Gedankengut des liberalen Rechtsstaats neuzugestalten; vgl. auch ders., a.a.O., S. 130 und (kritisch:) Gerber, in: Forsthoff, Rechtsstaatlichkeit, S. 355 und Forsthoff selbst in seinen genannten Arbeiten.

[413] Zu diesem interpretatorischen „Kunstgriff" siehe Kägi, a.a.O., S. 38.

[414] BVerfGE 5, 85 (206); Abendroth, a.a.O., S. 126, 135; Hartwich, a.a.O., S. 17, 52, 92, 119; Habermas, a.a.O., S. 244; Grauhan, Grenzen, S. 32; Widmaier, Sozialpolitik, S. 23, distanziert: Carl Schmitt, HdbdDStR, Bd. 2, S. 584; Forsthoff, Sozialstaat, S. 19; Marti, a.a.O., S. 55; Zacher, Sozialgesetzbuch, S. 12; ders. in: Ipsen-Festschrift, S. 234f.; Wolff/Bachof, a.a.O., Bd. 1, § 3 II; Gerber, in: Forsthoff, Rechtsstaatlichkeit, S. 340f.; Köttgen, in: Forsthoff, Rechtsstaatlichkeit, S. 442; vorsichtig und kritisch: Bachof, in: Forsthoff, Rechtsstaatlichkeit, S. 213; Schelsky, System, S. 32; Kägi, a.a.O., S. 181 (Der „Mythos der Aktion", der Sozialstaat als „etat actif"). Fikentscher, a.a.O., Bd. 3, S. 558.

[415] Abendroth, a.a.O., S. 128, 138.

2. Vom sozialen Rechtsstaat zum Sozialstaat

angesichts des Umstandes, daß nach dem Niederlegen der Grenze zwischen Staat und Gesellschaft die Beschränkung der demokratischen Gleichheit auf eine rein politische Gleichheit fragwürdig geworden sei. Die egalitäre Demokratie ist schon ihrer Machtstruktur nach zum Sozialstaat bestimmt[416]; für den demokratischen Sozialismus ist wahre Demokratie nur im Sozialismus, voller Sozialismus nur in der Demokratie möglich[417]. Letztlich wird die Hypostasierung des „Sozialen" auch auf die Verbindung mit dem Substantiv „Bundesstaat" (Artikel 20 Absatz 1 GG) gestützt. Die zentripetale Dynamik des Sozialstaates schwäche nicht nur die zentrifugalen Kräfte des Bundesstaates, werde vielmehr durch die ihm immer auch innewohnenden unitarischen Tendenzen unterstrichen[418]. Nach dieser Auffassung verpflichtet die interpretatorisch gesteigerte Staatszielbestimmung des Artikels 20 Absatz 1 GG den Sozialstaat zu immer weitergreifender Übernahme von regelnden und vorsorgenden Aufgaben in der Gesellschaft — sowohl in der „politischen Öffentlichkeit" („Versorgung" mit Information und Unterhaltung) als Teil der „neuen Sozialsphäre" wie vor allem im Bereich der Wettbewerbswirtschaft[419] und der Kulturgesellschaft[420]; im Sozialstaat überläßt der Staat den Einzelnen nicht seiner individuellen und gesellschaftlichen Situation, sondern kommt ihm durch Sicherung und Gewährung zur Hilfe[421]. Dieser „Verstaatlichung der Gesellschaft" entspricht eine „Vergesellschaftung des Staates", insofern ein großer Teil dieser „sozialstaatlichen Aufgaben" (als staatliche und öffentliche) auf gesellschaftliche Träger der mittelbaren Staatsverwaltung übertragen werden[422]. Im Rahmen der staatlichen Sozialpolitik wird nämlich nur ein geringer Teil der vor- und versorgenden Sozialaufgaben in unmittelbarer Staatsverwaltung von Behörden oder (nicht rechtsfähigen) Anstalten erledigt[423]. Der überwiegende Teil der verteilenden und zuteilenden sozialstaatlichen Tätigkeit wird (als rechtlich öffentliche Angelegenheiten, als eigene oder staatliche Angelegenheiten) von rechtsfähigen Verwaltungseinheiten des öffentlichen Rechts als Trägern der mittelbaren Staatsverwaltung (Selbstverwaltung) erfüllt[424]. Nach wie vor werden auch Verbände des

---

[416] Gerber, in: Forsthoff, Rechtsstaatlichkeit, S. 368; Zacher, Wirtschaftsordnung, S. 82.

[417] Abendroth, a.a.O., S. 138; Fikentscher, a.a.O., Bd. 3, S. 593.

[418] So vor allem Köttgen, in: Forsthoff, Rechtsstaatlichkeit, S. 435f. Die latente Antinomie zwischen Bundesstaat und Sozialstaat werde also vom Grundgesetz zugunsten der (sozialstaatlichen) „Einheitlichkeit der Lebensverhältnisse" aufgelöst. Die Auffassung wird von Mangoldt/Klein, a.a.O., S. 605 bestritten.

[419] Wirtschaftshilfen, Globalplanung, Kartellkontrolle, dazu Habermas, a.a.O., S. 164.

[420] Vorhaltung von Schulen, Hochschulen, Forschungseinrichtungen.

[421] Sozialversicherung, soziale Sicherung, sozialer Ausgleich: Krankenversicherung, Arbeitslosenversicherung, Altersversicherung.

[422] Wolff/Bachof, a.a.O., Bd. 1 § 2 II; Habermas nennt das eine „Refeudalisierung des Staates".

[423] z.B. Hochschulen als staatliche Anstalten zur Ermöglichung von Forschung und Lehre.

Privatrechts und einzelne als „Beliehene" für die Wahrnehmung tatsächlich öffentlicher Angelegenheiten in Pflicht genommen[425]. Sozialstaatliche Verwaltung vollzieht sich in obrigkeitlichen, schlichthoheitlichen und fiskalischen Rechtsformen; „publiziertes Privatrecht" (etwa im Tarifvertragsrecht) und „privatisiertes öffentliches Recht" (etwa im Verwaltungsprivatrecht) sind in einem neuen „Sozialrecht" bis zur Unkenntlichkeit miteinander verzahnt[426].

3. Von der politischen Demokratie zur Demokratisierung von Staat und Gesellschaft

a) Zur Begriffserklärung

Ebenfalls aus Artikel 20 Absatz 1 GG in Verbindung mit Artikeln 1 Absatz 3 und 2 Absatz 1 GG wird der verfassungsrechtliche Auftrag exegiert, den Übergang von der „formalen, politischen" Demokratie zur „Demokratisierung von Staat und Gesellschaft" zu ermöglichen. Im Verlaufe grundgesetzinterpretatorischer Bemühungen und verfassungspolitischer Forderung ist das Demokratiegebot so zerschlissen worden, daß eine vorgängige Begriffserklärung unerläßlich erscheint. Es ist gerade die Eigenheit der Idee der „Demokratisierung", daß sie Postulate höchst unterschiedlicher Reichweite in sich vereinigt und an inhaltlicher Schärfe einbüßt, was sie an politischem Schlagwort-Gehalt gewinnt. Als Schlagwort hat sie Tendenzen der Transparenzverbesserung, Mitwirkung, Mitbestimmung bis zu Formen der unmittelbaren Demokratie in öffentlichkeitswirksamer Weise mit Ansätzen zur Sozialisierung und Politisierung zusammengefaßt. Auch Forderungen nach Liberalität, Pluralität, Dezentralisierung, Dekonzentration und Autonomie sind dem Begriff unterschoben worden[427].

---

[424] Dazu Köttgen, Arnold, Die rechtsfähige Verwaltungseinheit, in: Verwaltungsarchiv, 44 (1939), S. 1 ff.; Wolff/Bachof, a.a.O., Bd. 1, §§ 2 II b, 4; Bd. 2, § 84: als dezentralisierte und dekonzentrierte Wahrnehmung von Staatsaufgaben (Entlastungsprinzip), zu Selbstverwaltungszwecken (Subsidiaritätsprinzip) und zwecks staatsdistanzierter, allein sachgebundener Aufgabenwahrnehmung (Sachbindungsprinzip), durch Körperschaften (Kommunalselbstverwaltung), ständische Selbstverwaltung (Industrie- und Handelskammern), Selbstverwaltung (Hochschulen), Anstalten (Rundfunkanstalten) und Stifungen (Stiftung Preussischer Kulturbesitz).

[425] Wolff/Bachof, a.a.O., Bd. 2, §§ 84, 104: Technische Überwachungsvereine, Ersatzkassen, Deutsche Forschungsgemeinschaft, Max-Planck-Gesellschaft, Notar (soweit nicht Beamter).

[426] Hedemann, Justus Wilhelm, Einführung in die Rechtswissenschaft, 2. Aufl., Berlin und Leipzig 1927, S. 229; (Publizierung) und Siebert, Wolfgang, Privatrecht im Bereich öffentlicher Verwaltung, in: Festschrift für Hans Niedermeyer zum 70. Geburtstag, Göttingen 1953, S. 215-247 (219) (Privatisierung).

[427] BTDrS VI, 925, S. IX (Transparenz); Schelsky, System, S. 52; ders., Arbeit, S. 220; Liefmann-Keil, Sozialpolitik, S. 109; Maier/Matz, Grenzen der Demokratisierung, Ein „politisches Mandat" für die Jugendverbände, in: Erhard u.a. (Hrsg.), Grenzen der Demokratie, Düsseldorf—Wien 1973, S. 407-418 (415) (Sozialisation staatlicher Ent-

3. Von der politischen Demokratie zur Demokratisierung

Drei Komplexe des Begriffsinhaltes müssen unterschieden werden: als utopisches Ziel, Heilsbotschaft meinen „Demokratisierung" und Selbstbestimmung zunächst Emanzipation, die Herstellung einer herrschaftsfreien Ordnung, die „Ablösung der Herrschaft über Personen durch die Verwaltung von Sachen"[428].

Als so geartete marxistische Philosophie des „Adamsneides"[429] hat die Forderung nach „Demokratisierung" manche Bezüge zu Carl Schmitts identitärem Demokratiebegriff. Diesem Ideenhintergrund verwandt ist die Vorstellung der „Demokratie als Lebensform", die neomarxistische Forderung einer „kritischen Theorie", jede Entscheidung durch die permanente rationale Diskussion aller Betroffenen „von der Basis her" zu legitimieren[430]: „quod omnes tangit, ab omnibus comprobetur". Im politikwissenschaftlich-staatsrechtlichen Sinne bezeichnet „Demokratisierung" zunächst (alte und neue) Formen der egalitären, direkten Demokratie, der „fundamentalen Demokratie"; in bezug auf die westlich-konstitutionellen Verfassungssysteme umschreibt der Begriff Ansätze zunächst zur Ausweitung der Sachgebiete und Lebensbereiche, in denen in dieser Form der politischen Machtbeauftragung die verantwortlich Entscheidenden bestimmt werden, sodann zur Vermehrung der „Vermittler" und unmittelbaren Beteiligung der Betroffenen sowie letztlich eine Intensivierung der Mitwirkungsformen. In diesem Verständnis verwenden dem demokratischen Sozialismus verpflichtete Interpretationsversuche den Betriff „mehr Demokratie wagen"[431]. Kern der Forderung ist, daß unter den Bedingungen der modernen Industriegesellschaft und des Wohlfahrtsstaates die Freiheit des einzelnen nicht mehr durch die Gewährung von Freiräumen, sondern nur unter der Voraussetzung verstärkter Selbstbestimmung in Gesellschaft und Staat aufrecht erhalten werden kann[432]. Unter besonderer Berücksichtigung

---

scheidungsstrukturen): Grottian, Peter, Zum Planungsbewußtsein der Bonner Ministerialbürokratie, Vorläufige Ergebnisse einer empirischen Studie, in: Gesellschaftlicher Wandel, Opladen, 1972, S. 127-152 (143); Kevenhörster, Paul, Das imperative Mandat, Seine gesellschaftliche Bedeutung, Frankfurt/Main 1975, S. 4.

[428] Dazu im einzelnen: Fikentscher, a.a.O., Bd. 3, S. 504f., 593f.; Marcuse, Herbert, Triebstruktur und Gesellschaft, Ein philosophischer Beitrag zu Sigmund Freud, Frankfurt 1969, S. 41; Euchner, Walter, Demokratietheoretische Aspekte der politischen Ideengeschichte, in: Kress, Gisela/Senghaas, Dieter, Politikwissenschaft, 2. Aufl., Frankfurt 1970, S. 38-68 (38f.).

[429] Zu dieser Idee (emanzipatorischer Neid auf Adam, weil er der einzige Mensch war, der als Erwachsener geboren wurde, ohne die Notwendigkeit, von Eltern und Erziehern lernen zu müssen), wie sie im 17. Jahrhundert diskutiert wurde, s. Hennis, Demokratisierung — Zur Problematik eines Begriffs, Köln und Opladen 1970, S. 35; auch in: Die mißverstandene Demokratie, Freiburg 1973, S. 26-51.

[430] Marcuse, Triebstruktur, S. 41; Habermas, Legitimationsprobleme im Spätkapitalismus, 4. Aufl., Frankfurt/M. 1977, S. 122, 183; ders., Strukturwandel, S. 239; Nitsch, a.a.O., S. 190; zur Formal Bractons vom „Betroffensein" siehe Maier, Bergedorfer Gesprächskreis zu Fragen der Freien Industriellen Gesellschaft, Muß unsere politische Maschinerie umkonstruiert werden? Protokoll Nr. 22, Hamburg—Berlin 1966, S. 11.

[431] So die Regierungserklärung des Bundeskanzlers Brandt von 1969.

dieses Gesellschaftsbildes umfaßt „Demokratisierung" (= Teilnahme) i.w.S. Formen der „Demokratisierung" i.e.S. als über Wahlen und Abstimmungen hinausgehende Mitwirkung an politischen Entscheidungen, Partizipation an Verwaltungsentscheidungen (staatlicher wie Selbstverwaltungs-Träger) und Mitbestimmung im privaten Sektor (aber auch in Selbstverwaltungskörperschaften). Es zeigt sich, daß letzte Trennschärfe schon im Ansatz nicht erreichbar ist. Methodisch geschieht die verfassungsrechtliche Ableitung umfassender Mitwirkungsforderungen aus dem Grundgesetz durch Radikalisierung des Demokratieprinzips (Artikel 20 Absatz 2 GG), durch die Bündelung von bestehenden Mitwirkungsregelungen in verschiedenen Bereichen zur Begründung neuer (Induktionsprinzip), darunter besonders die Ausweitung von institutionellen, also auf Sachaufgaben beschränkten Mitwirkungsrechten in den gesamtgesellschaftlichen und -politischen Raum (Expansionsprinzip).

b) Partizipation und Mitbestimmung

Die Erweiterung des Anwendungsbereiches „demokratischer Mitwirkung" bedeutet die Teilnahme aller Betroffenen an öffentlichen Entscheidungen, seien sie staatlicher, rechtlich „öffentlicher" oder tatsächlich öffentlicher Natur. „Demokratisierung" i.e.S. ist zunächst die Forderung nach stärkerer parlamentarischer Kontrolle von obersten Führungsentscheidungen (etwa in der Planung) oder die unmittelbare Beteiligung der Bürger und der sie vertretenden Parteien und Verbände an der Vorbereitung parlamentarischer Willensbildung (hearings etc.)[433]. Unmittelbarer plebiszitärer „Zugang zum Machthaber"[434] wird auch in bezug auf die Regierungsorgane gesucht (Räte, Beiräte, Bürgervertretungen). Über die „Gerichtsöffentlichkeit" und die Bestellung der Bundes-(verfassungs)richter hinaus, wird vielfach die politische Berufung der Richter gefordert[435]. „Partizipation" ist die aufgabenbezogene, auch lokal gebundene

---

[432] Zum Grundgedanken schon Jellinek, Gesetz und Verordnung, S. 224; ferner Kelsen, Staatslehre, S. 364f.; Mannheim, Karl, Mensch und Gesellschaft im Zeitalter des Umbaus, 2. Aufl., Bad Homburg—Berlin 1967, S. 52f.; Wittmayer, a.a.O., S. 52, 75f.; Schumpeter, a.a.O., S. 475; Krüger, Staatslehre, S. 618; Hättich, Demokratie, S. 54; Klein, Grundrechte, S. 34f.; Maier, Bergedorfer, S. 7; Habermas, Strukturwandel, S. 251; Abendroth, a.a.O., S. 128; Bachof, in: Forsthoff, Rechtsstaatlichkeit (sehr vorsichtig:) zur Demokratie im demokratischen Sozialismus: Grundwerte, S. 10.

[433] Kelsen, Demokratie, S. 76, Kägi, a.a.O., S. 181 f; Krüger, Staatslehre, S. 452, S. 618, 642; Fikentscher, a.a.O., Bd. 3, S. 593; Hättich, in: Erhard, S. 189; Downs, a.a.O., S. 31.

[434] So Carl Schmitt, Aufsätze, S. 430f.; Kaiser, Planung I. Recht und Politik der Planung in Wirtschaft und Gesellschaft, Baden-Baden 1965, S. 28 (zur Vision eines neuen „contrat social"); zum Reichswirtschaftsrat nach Art. 165 WRV als Form der „Wirtschaftsdemokratie" auf politischer Ebene siehe Bracher, Karl Dietrich, Die Auflösung der Weimarer Republik, Eine Studie zum Problem des Machtverfalls in der Demokratie, 4. Aufl., Villingen 1964, S. 204; zur „Konzertierten Aktion" siehe Kaiser, Planung I, S. 28; Friauf, Karl Heinrich, Öffentlicher Haushalt und Wirtschaft, in: VVDSTRL 27 (1969), Berlin 1969, S. 1-46 (37); Schmidt, a.a.O., S. 197f.; Forsthoff, Planung III, Mittel und Methoden planender Verwaltung, Baden-Baden 1968, S. 29; Krüger, Staatslehre, S. 397; Badura, a.a.O., S. 64f.

3. Von der politischen Demokratie zur Demokratisierung 89

Mitverantwortung der spezifisch Betroffenen an Verwaltungsentscheidungen[436]. Auch auf dieser Ebene wird die Zurückdrängung des Repräsentationsprinzips zugunsten unmittelbarer Einflußnahme als vom „materiellen, wahren" Demokratiegebot gefordert postuliert. In vieler Hinsicht bedeutet es eine Rückkehr zu früheren Verwaltungsformen, die – mit Kollegialbehörden unter Laienbeteiligung — der professionalisierten Verwaltung des Sozialstaates vorangingen. Soweit soziale Leistungen in (unselbständiger) Anstaltsform dargeboten werden, etwa in Schulen, bedeutet „Partizipation" die Mitwirkung der die Aufgabenerfüllung personell konstituierenden Gruppen (Lehrer, Eltern, Schüler)[437] an der Verwaltungsführung, im Ergebnis die Lockerung der Fachaufsicht des Trägers zugunsten der Rechtsaufsicht. Die Erweiterung ihrer Mitwirkungsrechte fordern auch die Mitglieder oder Destinatäre rechtsfähiger Verwaltungseinheiten[438], die subsidiär-autonom, gruppenpluralistisch oder

---

[435] Schelsky, Arbeit, S. 53.

[436] Kelsen, Demokratie, S. 69; Carl Schmitt, Verfassungslehre, S. 27; Wolff/Bachof, a.a.O., Bd. 2, § 84 III (zum Begriff der „politischen Selbstverwaltung"); Habermas, Legitimationsprobleme, S. 54; Klages, Helmut, Planungspolitik, Stuttgart—Berlin,—Köln, Mainz, 1971, S. 59, 108; Lompe, Klaus, Gesellschaftspolitik und Planung, Probleme politischer Planung in der sozialstaatlichen Demokratie, Göttingen 1971, S. 203, 173; Vente, Rolf E., Planung wozu? Begriff, Verwendungen und Probleme volkswirtschaftlicher Planung, Baden-Baden 1969, S. 195; Meyer, Poul, Die Verwaltungsorganisation, Vergleichende Studien über die Organisation der öffentlichen Verwaltung, Göttingen 1962, S. 106; Scharpf, Demokratietheorie, S. 55, 71; Naschold, Politische Vierteljahresschrift (PVS), Sonderheft 4, S. 4; Wittkämper, PVS, Sonderheft 4, S. 115; Dienel, Die Verwaltung, Bd. 4 (1971), S. 151; Schrötter, Gertrud Freifrau von, Pluralistische Planungsvorstellungen, Ein Weg zur Demokratisierung der Planung? in: Die Verwaltung, Bd. 4 (1971), S. 127-150 (127); Püttner, Günther, Neubau der Verwaltung, Bemerkungen zum gleichnamigen Buch von Frido Wagner, in: Die Verwaltung, Bd. 4 (1971), S. 98-141; Scharpf, Rechtsstaat, S. 66; Walter, Robert, Partizipation an Verwaltungsentscheidungen, in: VVDStRL 31 (1972), S. 147-178; Schmitt Glaeser, Walter, Partizipation an Verwaltungsentscheidungen, in: VVDStRL 31 (1972), S. 179-265; Zimpel, Gisela, Selbstbestimmung oder Akklamation? Politische Teilnahme in der bürgerlichen Demokratietheorie, Stuttgart 1972, S. 255.

[437] Bildungsgesamtplan (1973), Bd. 1, S. 54 f.; Bildungsrat, Strukturplan (1970), S. 265; BVerfGE 34, 165 (182 f.); BTDrS VI, 925, S. 87 f.; Oppermann, a.a.O., S. 156 f.; Richter, Ingo, Bildungsverfassungsrecht, Stuttgart 1973, S. 301 f.; Hentig, Hartmut von, Magier oder Magister, Über die Einheit der Wissenschaft im Verständigungsprozeß, Stuttgart 1972, S. 190.

[438] Kaiser, Repräsentation, S. 62; Schelsky, System, S. 5; zur Mitwirkung in der „ständischen Selbstverwaltung" Richter, Die Rechtsprechung zur Berufsausbildung, Analyse und Entscheidungssammlung, Stuttgart 1969, S. 30; Bildungsrat, Lehrlingsausbildung (1969), S. 26; Badura, a.a.O., S. 118; Eucken, Wirtschaftspolitik, S. 335; zur „Hochschulmitbestimmung": Schelsky, Einsamkeit, S. 213, ders., System, S. 72; ders., Abschied, S. 70; Fikentscher, a.a.O., Bd. 3, S. 5 f.; Wolff/Bachof, a.a.O., Bd. 2, § 84 II; Zur Mitwirkung im Rundfunk: BVerfGE 12, 205 (261); Habermas, a.a.O., S. 206; Jank, Klaus Peter, Die Rundfunkanstalten der Länder und des Bundes, Berlin 1967, S. 26 f., 41 f., 58; Schelsky, System, S. 98 f.; Zur Mitwirkung in den Organen der Max-Planck-Gesellschaft und der Deutschen Forschungsgemeinschaft als „beliehene private Verbände" vgl. die Satzungen.

staatsdistanziert rechtlich öffentliche Aufgaben wahrnehmen: Das gilt für Bürgerinitiativen auf lokaler Ebene ebenso wie für die Mitwirkung in Verbänden der Wirtschaftsselbstverwaltung, für die Beteiligung in Hochschulen (Artikel 5 Absatz 3 GG), Rundfunkanstalten (Artikel 5 Absatz 1 GG) und den Organen von Trägern nichtstaatlicher Schulen als „beliehener Unternehmer".
„Mitbestimmung"[439] ist schließlich die „demokratische" Grundforderung im privaten Sektor. Das gilt zunächst für den wirtschaftlichen Bereich. Während für die betriebliche Mitbestimmung nach dem Betriebsverfassungsgesetz arbeitsrechtliche Gesichtspunkte ausschlaggebend sind, ist die überbetriebliche Mitbestimmung nach dem Montanmitbestimmungsgesetz vor dem Montanmitbestimmungsergänzungsgesetz und dem Mitbestimmungsgesetz von 1976 ein Element der „Wirtschaftsdemokratie". Unternehmensmitbestimmung soll der Kontrolle wirtschaftlicher (und — wie behauptet wird — auch unmittelbar politischer) Macht und zugleich der Vermögensbildung dienen[440]. Beide Instrumente sollen helfen, die Wirtschaftsordnung umzuwälzen; in ihrer Gemengelage zeigt sich deutlich die inhaltliche und organisatorische Seite des demokratischen Sozialismus in seiner Stoßrichtung gegen die liberale Gesellschafts- und repräsentative Verfassungsordnung. "Öffentlichkeitsauftrag" und „Informationsmacht" der Presse[441] geben Anlaß zu Mitbestimmungsforderungen (als innere Pressefreiheit und publizistische institutionelle Autonomie) ebenso wie die geistige, kulturelle und soziale Mächtigkeit der Kirchen[442].

c) Demokratisierung und öffentliche Meinung

Die Forderung nach „Demokratisierung" meint nicht nur eine Erstreckung von Mitwirkungsrechten und unmittelbaren Einwirkungsmöglichkeiten vom politischen Bereich auf alle gesellschaftlichen Sektoren, sondern zugleich eine Vermehrung der Beteiligten über den bisher tätigen kleinen Kreis von Repräsentanten hinaus[443]. Dem Ideal der Forderung entspräche die Mitwirkung jedes einzelnen: denn seiner „Emanzipation" von „Fremdherrschaft" soll die Mühe gelten. Der einzelne jedoch ist frei und gleich, aber individuell machtlos. Er ist immer auf Repräsentanten angewiesen, da Identität von Herrschern und

---

[439] Schelsky, System, S. 55.

[440] Bericht der „Biedenkopf-Kommission" zur Mitbestimmung, S. 20f. (vgl. auch BTDrS VI 334); Mestmäcker, Mitbestimmung, S. 17f.; vgl. zur Entstehung der Forderung auch Carl Schmitt, Parlamentarismus, S. 33f.; Schumpeter, a.a.O., S. 476; Kaiser, Repräsentation, S. 196; Badura, a.a.O., S. 176; Schelsky, System, S. 55, 108.

[441] Wolff/Bachof, a.a.O., Bd. 1, § 2 II; Habermas, a.a.O., S. 201f., 229; Schelsky, System, S. 99; kritisch: Oppermann, a.a.O., S. 482f. (488); auch Scheuner, VVDStRL 22 (1965), 92.

[442] Wolff/Bachof, a.a.O., Bd. 2, § 84 III; Schelsky, Arbeit, S. 317f.; Huber, Wolfgang, Kirche und Öffentlichkeit, Stuttgart 1973, S. 490f.

[443] Zu einem „Katalog" von möglichen Beteiligten: von Schrötter, Die Verwaltung, 4 (1971), S. 127 und Wittkämper, PVS, Sonderheft 4, S. 121f.

3. Von der politischen Demokratie zur Demokratisierung 91

Beherrschten nicht herstellbar ist. Im Interesse radikal vereinfachter, aber eingängiger Vorstellungen wird jedoch die Rolle der „Vermittler" häufig übersehen[444]. Der einzelne schließt sich zunächst zu einer Vereinigung[445] zusammen (Interessengruppe, Bürgerinitiative) (Artikel 9 Absatz 1 GG). Im Blick auf die politischen Entscheidungen im Staat werden die größeren partikularen Interessen durch die Verbände vertreten[446] (vor allem Artikel 9 Absatz 2 GG). Sie füllen heute den intermediären Raum zwischen Individuum und Staat so weit aus, daß Kaiser[447] — nicht nur im Blick auf den gewaltenteilenden Rechtsstaat — die Auffassung vertritt, der „Interessenföderalismus" sei an die Stelle des regionalen getreten. Die organisierten Interessen konnten diesen Raum vor allem deshalb besetzen, weil die Parteien[448] (Art. 21 GG), welche unter gesamtpolitischer Zielsetzung umfassende gesellschaftliche Interessen vertreten, in den staatlichen Machtapparat abgewandert sind. Zu ihnen hat der einzelne kraft Gesetzes Zutritt. De facto und de jure (Artikel 5 Absatz 1 Satz 1 GG) hat der einzelne immer schon Anteil an der Bildung der öffentlichen Meinung, welche eine wesentliche demokratische Anregungs- und Kontrollinstanz gegenüber staatlichem politischen Handeln ist. Als verfassungsrechtlich institutionalisierte, normative, repräsentative (sei es „kritische", sei es (nur) mitlaufende, „akklamierende") Öffentlichkeit, geläuterte Meinung des souveränen Volkes, ist sie — zumal in Großstaaten mit einem perfekten Netz von Massenmedien — weitgehend verblaßt; aus ihrer sozialpsychologischen Auflösung entstand eine eher stimmungsmäßige Publizität, die — durch Meinungsbefragung untersucht — gleichwohl in kurzatmiger Wellenbewegung Politik beeinflußt, jedoch eher als ihr Resonanzboden, denn als kritischer Kontrolleur[449]. Diese Wandlung der öffentlichen Meinung vom Subjekt des Staatsrech-

---

[444] Schelsky, Arbeit, S. 147.

[445] Scharpf, Rechtsstaat, S. 66 f. zeigt, daß in den USA bei geringerem Institutionalisierungsgrad vermehrte Einwirkungsmöglichkeiten des einzelnen bestehen.

[446] BTDrS V, 21 GG, S. 263; Kaiser, Repräsentation, S. 55, 220, 284 und pass.; ders., in: Streik, S. 46; Wenger, in: Planung I, S. 167; Forsthoff, Rechtsstaat im Wandel, S. 203; Faude, Planung VI (Integrierte Systeme der Planung und Budgetierung, Baden-Baden 1972), S. 117; Offe, in: Widmaier, a.a.O., S. 275; Prognos-Studie, Schröder, Dieter, Wachstum und Gesellschaftspolitik, Gesellschaftspolitische Grundlagen der längerfristigen Sicherung des wirtschaftlichen Wachstums, Untersuchung der Prognos AG, Basel, im Auftrag des Planungsstabes im Bundeskanzleramt der Bundesrepublik Deutschland vom 13. September 1968, Prognos-Studien Bd. 4, Stuttgart—Berlin u.a. 1971, S. 441; Krüger, Staatslehre, S. 379 f.; Habermas, a.a.O., S. 218; Hättich, in: Erhard, S. 205; Wolff/Bachof, a.a.O., Bd. 1, § 29 III; Forsthoff, Sozialstaat, S. 16 und Kaiser, Repräsentation, S. 284 stellen für die zukünftige Entwicklung die Frage, ob es gelinge, die in den Verbänden angesammelten Energien zum Wohle des Ganzen einzusetzen oder ob der „Ständestaat", „Verbändestaat" den Staat in Stücke reiße.

[447] Streik, S. 47.

[448] Willms, Günther, Aufgabe und Verantwortung der politischen Parteien, Karlsruhe 1958, S. 3 f.; Kaiser, Repräsentation, S. 254.

[449] BVerfGE 8, 104 (112 f.), E 12 („Atombewaffnungsurteil"), 205 (260) („Fernsehurteil"); zur Entwicklung von der (englischen) „kritischen öffentlichen Meinung" (18. Jhd.)

IV. Grundgesetz als Verfassung des demokratischen Sozialismus

tes zum Objekt der empirischen Sozialforschung ist vor allem darauf zurückzuführen, daß es die „liberale öffentliche Meinung", die im 19. Jahrhundert entstand[450], sich durch ihre inhaltlichen Qualitäten auszeichnete und obrigkeitlichen Entscheidungen vorausging, kaum noch gibt. Angesichts der Vielschichtigkeit des politischen Geschehens sind nicht mehr viele Bürger in der Lage, sich eine politisch relevante Meinung in diesem Sinne zu bilden. Die „öffentliche Meinung" ist heute — wie insbesondere Habermas in seiner grundlegenden Arbeit nachgewiesen hat — vermittelte[451] und in soweit (von den Vermittlern) „ver-öffentlichte Meinung". Ihr inhaltlich der repräsentativen Wahrheit verpflichteter Charakter hat sich deshalb in Richtung auf stärkere Interessenbindung verändert. Dieser Qualitäts- (und Repräsentations-)verlust ist primär darauf zurückzuführen, daß das Parlament[452] seine Aufgabe, im Sinne der liberal-repräsentativen Idee die Meinung des Volkes zu bilden (Artikel 38 GG) und der Regierung gegenüber verbindlich zu machen, kaum noch erfüllen kann. Die Aufgabe eines deliberierenden und repräsentativen Organes ist weitgehend auf die Parteien[453] (Artikel 21 GG) übergegangen: Die Mehrheitspartei, -fraktion oder -koalition stellt „die öffentliche Meinung" dar, allerdings kaum

---

über die (Rousseausche) „akklamierende öffentliche Meinung" (19. Jhd; auch Carl Schmitt); zur Habermas'schen „kritischen Öffentlichkeit" (20. Jhd.) vgl. Hennis, Meinungsforschung, S. 27 und pass.; Noelle-Neumann, Elisabeth, Öffentliche Meinung und soziale Kontrolle, in: Recht und Staat in Geschichte und Gegenwart, Heft 323, Tübingen 1966, S. 5 f.; und (grundlegend) Tönnies, Ferdinand, Kritik der öffentlichen Meinung, Berlin 1922, pass.; zur Unterscheidung der normativen und sozialpsychologischen öffentlichen Meinung: Habermas, a.a.O., S. 257; auch Krüger, Staatslehre, S. 443; Leibholz, Strukturwandel, S. 261; Landshut, Siegfried, Volkssouveränität und öffentliche Meinung, in: Festschrift zum 75. Geburtstag von Rudolf Laun, Hamburg 1957; wiederabgedruckt in: Landshut, Siegfried, Kritik der Soziologie und andere Schriften zur Politik, Neuwied 1969, S. 325-333 (Laun-Festschrift S. 586); im übrigen auch Carl Schmitt, Verfassungslehre, S. 83, 242, 277 (gesellschaftliches Phänomen); Schmidtschen, Gerhard, Die befragte Nation, Über den Einfluß der Meinungsforschung auf die Politik, Frankfurt 1965, S. 255; Ridder, HdbdGrR, Bd, 2, S. 252; Heller, Staatslehre, S. 177; Schumpeter, S. 401; Wolff/Bachof, a.a.O., Bd. 3, § 166 II; Kaiser, Repräsentation, S. 219 f., 355 f.

[450] Huber, Ernst-Rudolf, Deutsche Verfassungsgeschichte seit 1789, Bd. 2, Stuttgart 1960, S. 310; Kaiser, Repräsentation, S. 356; Hennis, a.a.O., S. 23 f.; Krüger, Staatslehre, S. 449; Habermas, a.a.O., S. 41, 226 (die „öffentliche Meinung" im „bildungsbürgerlichen Sinne").

[451] Habermas, a.a.O., S. 252 und pass.; Kaiser, Repräsentation, S. 212 ff. (die öffentliche Meinung ist i.d.R. provoziert, produziert, organisiert); Friedrich, Carl Joachim, Der Verfassungsstaat der Neuzeit, Berlin—Göttingen 1953, S. 57 f; Schelsky, Arbeit, S. 227; Hennis, a.a.O., S. 27 f.

[452] Fraenkel, Parlament und öffentliche Meinung, in: Festgabe für Herzfeld, Berlin 1957, S. 182; Carl Schmitt, Verfassungslehre, S. 217; Krüger, Staatslehre, 453, S. 884; Habermas, a.a.O., S. 70, 218; Friesenhahn, VVDStRL 16 (1958), S. 31.

[453] BVerfGE 1, 208 (223 f.); E 2, 1 (11), E 11, 266 (273) und ständige Rechtsprechung; Leibholz, Strukturwandel, S. 94; Kaiser, a.a.O., S. 26, 347; Habermas, a.a.O., S. 252; Carl Schmitt, Verfassungslehre, S. 247; Hättich, in: Erhard, S. 198 f.

3. Von der politischen Demokratie zur Demokratisierung

noch gegenüber der Regierung, sondern mit der (ihrer) Regierung gegenüber der Öffentlichkeit. Die sich in den Parteien vollziehende „Herstellung der öffentlichen Meinung" wird allerdings schon beträchtlich von den organisierten Interessen[454] (Artikel 9 Absatz 2 GG) beeinflußt. Diese stehen — ähnlich den Parteien — zur öffentlichen Meinung in einem zwiespältigen Verhältnis, weil diese einerseits der Adressat ihrer Interessenwahrnehmung ist und deshalb unter ihrem Einfluß steht, die Organisationen aber andererseits zu den Trägern der öffentlichen Meinung zählen, für sie also konstitutiv sind[455]. Die gemeinwohlorientierte Ausfüllung ihrer Trägerrolle ist deshalb ebenso wichtig wie delikat, weil Verbände immer mehr ein Fragment der öffentlichen Meinung vertreten, niemals das Ganze (substanziell) repräsentieren[456]. Beide Funktionen — Prägung wie Darstellung — sind in bezug auf die umfassende öffentliche Meinung auf die Massenmedien (Artikel 5 Absatz 1 Satz 2 GG) übergegangen[457]; in ihnen sieht man vielfach die Verkörperung der „vierten Gewalt"[458]. Demgegenüber ist der im 19. Jahrhundert bedeutende Einfluß des wissenschaftlichen Sachverstandes (Artikel 5 Absatz 3 GG) auf die öffentliche Meinung zurückgegangen. Restbestände finden sich in der Beraterpraxis. Ob man die Wissenschaft insoweit als „fünfte Gewalt" ansehen kann, bleibe dahingestellt[459].

Wenn angesichts dieses Befundes unter dem Stichwort „Demokratisierung" nach Artikel 20 GG eine stärkere Beteiligung „der Öffentlichkeit" an der staatlichen und gesellschaftlichen Willensbildung gefordert wird, so verbirgt sich dahinter in der Regel die Absicht, die Interessenverbände stärker zur Geltung zu bringen. Nur selten meldet sich die ursprüngliche, unvermittelte öffentliche Meinung (Artikel 5 Absatz 1 Satz 1 GG) zu Wort, in Demonstrationen, Märschen, Resolutionen[460]; auch bei dieser Sozialerscheinung handelt es

---

[454] Kaiser, Repräsentation, 207f., S. 289; Habermas, a.a.O., S. 194.

[455] Kaiser, Repräsentation, S. 225.

[456] Worauf Hennis, a.a.O., S. 26, Fn. 51 zu Recht hinweist. Im normativen Sinne des klassischen Repräsentationsbegriffes ist eine „Repräsentation organisierter Interessen" (Kaiser); eine „représentation de fait" in der Tat ein „hölzernes Eisen".

[457] Wie Kaiser, Repräsentation, S. 211, mit Hinweis auf die zeitungslesenden Abgeordneten erläutert.

[458] BVerfGE 12, 205 (260); Kaiser, Repräsentation, S. 21 (Presse); Krüger, Der Rundfunk im Verfassungsgefüge und in der Verwaltungsordnung von Bund und Ländern, Hamburg 1960, S. 40f.; ders., Staatslehre, S. 448; Prognos, a.a.O., S. 65f., 444f.; Hättich, in: Erhard, S. 205; Kaltefleiter, in: Erhard, S. 218; Habermas, a.a.O., S. 207, 214; Schelsky, Arbeit, S. 158' (zur „Medienpolitik"); zur „4. Gewalt": Prognos, S. 6 (83).

[459] Klassische Fälle der öffentlichen Wirkung der Wissenschaft: die „Göttinger Sieben", der „Fall Schlüter" (dazu Hennis, a.a.O., S. 59); für eine Stärkung der Hochschulen als „5. Gewalt": Schelsky, Abschied, S. 5 pessimistisch: Hennis, a.a.O., S. 60; zum Terminus „5. Gewalt": Prognos, a.a.O., S. 65 (83).

[460] Marti, a.a.O., S. 130f.; Krüger, Staatslehre, S. 451, 642 („öffentliche Meinung" als ein zwar unerfaßtes, aber deshalb um so „natürlicheres" Element unmittelbarer Demokratie in einer repräsentativen Demokratie).

sich meist um den Auftritt von gelenkten, fraktionierten Meinungen, also organisierten Interessen. Daraus erklärt es sich, daß unter „Demokratisierung" als „Wiederherstellung der öffentlichen Meinung" vielfach die Forderung verstanden wird, von Staats wegen dem einzelnen den Zugang zu allen vermittelnden Organisationen zu eröffnen, die an die Stelle der Öffentlichkeit getreten sind, so wie es im Parteiengesetz geschehen[461] ist. — Soweit es die Art und Intensität der Mitwirkungsbefugnisse angeht, wird über die Anhörung und beratende Mitwirkung hinaus ein Mitentscheidungsrecht als Demokratiegebot entsprechend postuliert[462].

4. Neuinterpretation der Grundrechte

a) Grundrechtsverständnis des demokratischen Sozialismus

Die sozialen Veränderungen im Verhältnis von Individuum, Gesellschaft und Staat und ihre Folgen für die Interpretation der Sozialstaatsklausel und des Demokratiegebotes müssen sich besonders deutlich an den Grundrechten zeigen. Diese sind in ihrer liberal-staatsbegrenzenden Abwehrfunktion typisches Kennzeichen des bürgerlichen Rechtsstaates und müssen — wie immer das methodisch bewerkstelligt wird — ihren normativen Sinn verschieben, um im demokratischen Sozialismus ihrer grundlegenden Intention treuzubleiben[463]. Dabei gehen neue Interpretationsansätze von dem — allgemein akzeptierten — Doppelcharakter der Grundrechte als Individualrechte und Elemente der objektiven Staatsordnung aus. Die Religionsfreiheit etwa des Artikels 4 Absatz 2 GG ist unantastbares Recht des einzelnen wie Ausdruck des Toleranzge-

---

[461] Abendroth, a.a.O., S. 130; Habermas, a.a.O., S. 218, 252 (innerverbandliche Demokratie).

[462] Dazu Rovan, Joseph, Muß unsere politische Maschinerie umkonstruiert werden? Korreferat, Bergedorfer Gesprächskreis 1966, S. 14-20; Heckel, Hans/Seipp, Paul, Schulrechtskunde, 5. Aufl., Neuwied—Darmstadt 1976, S. 80f.; Kaiser, Repräsentation, S. 168f., Eindeutig für die „Einseitigkeit" der staatlichen Willensbildung (bei Anerkennung von Anhörung und Beratung): Krüger, Staatslehre, S. 883f.

[463] Abendroth, in: Forsthoff, Rechtsstaatlichkeit, S. 127; Habermas, a.a.O., S. 246; Häberle, a.a.O., S. 8ff.; Ridder, HdbdGR, Bd. 2, S. 249f.; Richter, Bildungsverfassungsrecht, S. 57, 159; Nitsch, a.a.O., S. 190f.; Krüger, Staatslehre, S. 528f., S. 787f. (Menschenrechte bedeuten als vorstaatliche Rechte ohne Staat nichts); zum Funktionswandel vorsichtig und kritisch: Huber, Hans, Soziale Verfassungsrechte? in: Festgabe zur Hundertjahrfeier der Bundesverfassung, Zürich 1948, S. 149-160; auch in: Ernst Forsthoff (Hrsg.): Rechtsstaatlichkeit und Sozialstaatlichkeit, Darmstadt 1968, S. 1-15 (3f.): gewisse Rückkehr zum Gedanken der Ordnung nach extremem Individualismus; Fechner, in: Forsthoff, Rechtsstaatlichkeit, S. 89 (notwendige Erziehung zum Sozialstaat); Dürig, JZ 1953, 193 (Verantwortung des einzelnen auf dem Gebiet des Politisch-Sozialen); Mestmäcker, Mitbestimmung, S. 10, 14; Schelsky, Arbeit, S. 281; Fikentscher, a.a.O., Bd. 3, S. 584 (Grundrechte als Instrumente der Revolution); Wimmer, a.a.O., S. 111; Klein, Grundrechte, S. 18f.

4. Neuinterpretation der Grundrechte

dankens im Kulturstaat. Nach traditioneller, überwiegend vertretener, liberalrechtsstaatlicher Auffassung sind die Grundrechte primär Abwehrrechte gegen den Staat, „domaine réserve", „droit liberté". Die objektivrechtliche Seite der Grundrechte, wie sie etwa in Artikeln 5 Absatz 3, 6 Absatz 1 14 Absatz 1 GG zum Ausdruck kommt, dient der Stärkung der individualrechtlichen Wirkung[464]; eine Einschränkung der Grundrechte ist nur nach Maßgabe des Gesetzesvorbehaltes möglich (Artikel 19 Absatz 1 GG); ihr Wesensgehalt darf dabei nicht angetastet werden (Artikel 19 Absatz 2 GG); Grundrechte sind keine Grundpflichten: Die Nichtausübung eines Grundrechtes ist eine legitime Form der Ausübung. Bei diesem liberalistischen Grundrechtsverständnis ist in der Tat die gesellschaftliche und staatliche Funktion nur aus einem Rückschluß zu erkennen[465].

b) Zur Sozialbezogenheit der Grundrechte

Die allgemeine Anerkennung der Grundrechte als Wertsystem[466] im sozialen und demokratischen Rechtsstaat hat dann die den Individualismus überwindende Sozialbezogenheit der Grundrechte und ihre politische Funktion stärker ins Gesichtsfeld rücken lassen. Grundrechte sind auch „droit fonction"; bei ihrer Auslegung und Anwendung ist die soziale Funktion und die demokratische Dimension stets mitzubedenken: Der einzelne Grundrechtsträger bewegt sich stets in sozialen Bezügen — was Verpflichtung mit sich bringt — und wirkt bei Ausübung seiner aktivbürgerlichen Rechte an der Staatshervorbringung mit. Insofern hat sich das Verständnis der Freiheit von der klassisch liberalen zu einer der Gesellschaft und dem Staat zugewandten Freiheit gewandelt[467]. Dem kann und wird jeder zustimmen.

---

[464] BVerfGE 50, 290 (337) („Mitbestimmungs-Urteil"); Krüger, Staatslehre; so schon Thoma in: Nipperdey, Die Grundrechte, Band 1, S. 27 f., 33; Schmidt, a. a. O., S. 240.

[465] Ob man allerdings Krügers (a. a. O., S. 538) Meinung, die liberal-rechtsstaatliche Auffassung könne nur die staatliche und gesellschaftliche Funktionslosigkeit der Grundrechte feststellen, folgen soll, ist fraglich. Vgl. auch ders., a. a. O., S. 542 und ähnlich Rupp, Wirtschaftsordnung, S. 22; richtig stellt Schelsky (System, S. 28 und Arbeit, S. 231) fest, daß ein exzessiver Freiheitsgebrauch das probateste Mittel sei, den Staat in Frage zu stellen.

[466] Krüger, Staatslehre, S. 41 und S. 699; Carl Schmitt, HdbdDStR, Bd. 2, S. 580; Grundwerte, S. 11; Häberle, a. a. O., S. 20; Schmidt, a. a. O., S. 230 f; kritisch: Forsthoff, Umbildung, S. 40.

[467] So Smend, Abhandlungen, S. 93, 217, 320, Fn. 15 (zur freien Meinungsäußerung); ders. in: VVDStRL, 4 (1928) 44; Leibholz, Auflösung, S. 24 (sittliche Verpflichtung des Individuums dem ganzen gegenüber); Huber, in: Forsthoff, Rechtsstaatlichkeit, S. 8, 26, 34; von Mangoldt/Klein, a. a. O., S. 65, 83; Häberle, a. a. O., S. 17; 22, 116, 234 f.; Ridder, HdbdGR, Bd. 2, S. 249 f.; Rupp, a. a. O., S. 15; Hamel, a. a. O., S. 20; Krüger, Staatslehre, S. 789; Krüger verweist vor allem auf die (vereinzelt gebliebene) Entscheidung BVerwGE 14, 21 (25), wonach die Grundrechte dem Staatsbürger nicht zur freien Verfügung eingeräumt seien, sondern in seiner Eigenschaft als Glied der Gemeinschaft und damit auch im öffentlichen Interesse.

c) Grundrechte als Institutionen

Diese objektivrechtliche Dimension der Grundrechte wird als ihr institutioneller Charakter bezeichnet[468], wobei sich der Institutionsbegriff — wie gezeigt — aus den drei Elementen: Zweck (etwa Freiheitssicherung), soziale Wirklichkeit (in Familie, Wirtschaft und Gesellschaft, politischer Öffentlichkeit) und Recht (grundrechtliche Freiheitssicherung) zusammensetzt[469]. Grundrechte bezeichnen — wenn man sie als Einrichtungsgarantien ansieht und interpretiert — die tatsächlichen Lebensverhältnisse, die vom Grundrecht bezeichnet und umschlossen werden, wie etwa die Familie in Artikel 6 Absatz 1 GG. — Um nun den demokratischen und sozialen Rechtsstaat angesichts der schmalen Ausgangsbasis im Grundgesetztext und der überwiegenden (bürgerlich-rechtsstaatlichen) Interpretationsmeinung zu stärken, wird in der Literatur — unter besonderer Beachtung der von Smend, Hesse und Häberle vorgetragenen Gedanken — die Auffassung vertreten, alle Grundrechte seien primär als objektivrechtliche Institutionen anzusehen[470]. Nur wer das Juristische in das Soziologische transzendiere (und das ist das Kennzeichen des institutionellen Denkens), vermöge der gesellschaftsbezogenen Bedeutung der Individualrechte und dem Umschlag der Quantität individueller Grundrechtsausübung in die Qualität demokratischer Staatsintegration gerecht zu werden. Bei dieser methodischen Operation fallen dann die individuellen Abwehr- und sonstigen Ansprüche sozusagen mit ab; privatrechtliche Autonomie im Sinne des liberalen status negativus ist nur noch als „derivierte" möglich, als Akzessorium der institutionellen Garantie[471].

d) Änderungen der Statuslehre

Die institutionelle Interpretation erbringt eine wesentliche Änderung der Statuslehre[472], wobei der Statusbegriff die individualrechtliche Seite der Grund-

---

[468] Zum Institutionen- und Institutsbegriff vor allem Carl Schmitt, Verfassungslehre, S. 170; ders., in: Bedeutungswandel der Grundrechte, in: AöR, N.F., 23 (1933), S. 1-98 (37f.); Luhmann, Grundrechte als Institution, Berlin 1965, S. 12; Häberle, a.a.O., S. 95.

[469] Dazu Steiger, in: Schelsky-Festschrift, S. 105; Fikentscher, a.a.O., Bd. 3, S. 656; zu Haurious Institutionenlehre: Fikentscher, a.a.O., Bd. 1, S. 505 (512).

[470] Smend, a.a.O., S. 96; Häberle, a.a.O., S. 87ff., 95f., 110 und pass.; Hesse, Lehrbuch, S. 124f.; Ridder, HdbdGrR, Bd. 2, S. 251; kritisch und ablehnend: Fikentscher, a.a.O., Bd. 1, S. 539; Carl Schmitt, HdbDStR, Bd. 2, S. 591 („die Freiheit ist kein Institut"); Steiger, a.a.O., S. 1; Schaumann, Wilfried, Der Auftrag des Gesetzgebers zur Verwirklichung der Freiheitsrechte, in: JZ, 1970, S. 48-54 (48f.); Klein, a.a.O., S. 18; zur „subsidiären Bedeutung des institutionellen Verfassungsverständnisses" auch BVerfGE 50, 290 (337).

[471] So für die ursprünglichen Einrichtungsgarantien: Carl Schmitt, HdbDStR Bd. 2, S. 596; im übrigen: Habermas, a.a.O., S. 249f., Häberle, 110 S. 97f., Ridder, a.a.O., S. 258.

[472] Häberle, a.a.O., S. 112; von Mangoldt/Klein, a.a.O., S. 64; Krüger, Staatslehre, S. 391, 544; Habermas, a.a.O., S. 243, 251; Ridder, a.a.O., S. 258f.

4. Neuinterpretation der Grundrechte

rechte bezeichnet. Nach herkömmlicher, liberal-rechtsstaatlicher Auffassung gewähren die Grundrechte den status negativus und activus. Nach der institutionellen Auffassung sind sie jedoch nicht mehr Rechte gegen den Staat, sondern Grundrechte an den Staat auf Gewährleistung der individuellen Freiheit. Der Staat hat als Schützer der Freiheit dafür Sorge zu tragen, daß der einzelne von dieser Freiheit Gebrauch machen, an den gesellschaftlichen Gütern teilhaben, an der staatlichen Willensbildung teilnehmen kann. Der den bürgerlichen Rechtsstaat kennzeichnende status negativus wandelt sich unter den veränderten gesellschaftlichen Verhältnissen zum status positivus. — Allerdings erbringt die institutionelle Interpretation in der Anerkennung einer „Drittwirkung der Grundrechte"[473] zunächst eine Ausweitung des status negativus, als eines vom Staat zu beanspruchenden und verbürgten Schutzes der Grundrechtsträger, nicht nur gegen den Staat als schlechthin Mächtigen, sondern auch gegen gesellschaftliche Kräfte[474]. Weil im Privatrecht Rechtssubjekte handeln, die alle „Grundrechtsträger" sind, führt diese Meinung — wenn sie Ansprüche unmittelbar aus der Verfassung schöpft — dazu, daß Grundrechte in der Hand der Anspruchsgegner zu Pflichten werden; das ist der Grund dafür, daß die Drittwirkung überwiegend abgelehnt[475], hingegen eine Grundrechtskonkretisierung durch das Privatrecht anerkannt wird. Vor allem wird den Grundrechten in sozialstaatlich-institutioneller Interpretation ein status positivus, ein soziales Grundrecht auf Teilhabe an gesellschaftlichen und staatlichen Leistungen exegiert[476]. Weil die iustitia distributiva sich mit Hilfe der Ausgrenzung in der Gesellschaft nicht mehr automatisch einstellen will, muß der Staat sie aktiv herbeiführen. Das gilt nicht nur für die zweifellos „sozialstaatshaltigen" Artikel 3, 6 Absatz 3, 12, 14, 15 u.a. GG, sondern für die Grundrechte als Institute allgemein. Die im sozialen Rechtsstaat nicht leicht zu überwindende prinzipielle Antinomie[477] zwischen Grundrechten und Sozialstaat entfällt, weil erstere dank letzteren erfüllt werden: die Sozialstaatsidee effektuiert die Freiheitsrechte. Diese Auffassung führt dazu, daß Teilhaberechte, über den gesetzlich konkretisierten rechtsstaatlichen Bestand hinaus (etwa Artikel 33 Abs. 2, 101, Absatz 1, 103 Absatz 1 GG), durch unmittelbaren Verfassungsvoll-

---

[473] Dazu Schwabe, Jürgen, Bundesverfassungsrecht und „Drittwirkung" der Grundrechte, in: AöR 100 (1975), S. 442-470; Nipperdey, HdbdGrR, Bd. 2, S. 19; ders., Bd. 4, S. 742; BAGE 1955, 606; Ridder, a.a.O., S. 258; Nitsch, a.a.O., S. 223, Fn. 66 (zu Artikel 5 Absatz 3 GG im Hinblick auf die Ressortforschung); Abendroth, VVDSTRL 12 (1954), 87; Leibholz, Strukturwandel, S. 220.

[474] Zacher, Wirtschaftsordnung, S. 98f.

[475] Maunz/Dürig/Herzog/Scholz, a.a.O., Artikel 1, Ru. 127f.; Schmidt, a.a.O., S. 245; von Mangoldt/Klein, a.a.O., S. 65; Bachof, in: Forsthoff, Rechtsstaatlichkeit, S. 232; Forsthoff, Umbildung, S. 45f.; Rupp, a.a.O., S. 9.

[476] Zum Begriff des status positivus: Jellinek, System, S. 114f., 132; ders.: Staatslehre, S. 349; Häberle, a.a.O., S. 121; Habermas, a.a.O., S. 251; Nipperdey, HdbdGrR Bd. 3, S. 1f.; Ridder, Gewerkschaften, S. 10; ders. HdbdGrR Bd. 2, S. 241, Fn. 15; Abendroth, VVDSTR 12 (195), 87f.; Hamel, a.a.O., S. 20.

[477] Leibholz, Strukturwandel, S. 130; Häberle, a.a.O., S. 15.

zug möglich sein sollen. Weil soziale Grundrechte in der Regel nicht „selfexecuting" und eher Konnexinstitute des sozialistischen denn des liberalen Rechtsstaates sind, wird eine so weitgehende Form der institutionellen Grundrechtsinterpretation überwiegend nicht anerkannt[478]; dabei wird — wie gezeigt — nicht verkannt, daß das Sozialstaatsprinzip Auslegungsmaxime ist, alle Staatsorgane objektiv (im Sinne der abgelehnten Interpretation) bindet und zur gesetzlichen Konkretisierung verpflichtet. — Letztlich ergibt sich aus der institutionellen Grundrechtsinterpretation nicht nur eine objektiv-rechtliche Intensivierung der Grundrechte des status activus, sondern zugleich ein politischer status positivus zur Ermöglichung demokratischer Partizipation. Dabei wird man der vielfach vertretenen Meinung folgen können, daß in einer vitalen Demokratie die Ausübung der staatsbürgerlichen Rechte nicht völlig in das Belieben des einzelnen gestellt sein kann, daß Meinungsfreiheit, Pressefreiheit, Versammlungsfreiheit nicht als rein individualistische Grundrechte zu verstehen sind, sondern zugleich eine integrierende Funktion besitzen, aus der sich zumindest eine politisch-moralische Pflicht zur Mitwirkung ableiten läßt[479]. Weitgehend setzt aber auch hier das institutionelle Grundrechtsverständnis eine (materiale) Zugangsgewährleistung an Stelle der früheren Enthaltsamkeitsgarantie. Weil persönliche Freiheit in einer faktisch auf den Umkreis von Familie und Freizeit geschrumpften Privatsphäre nicht nur der sozialstaatlichen Teilhabe, sondern auch der selbst- und mitbestimmenden Teilnahme an gesellschaftlichen und staatlichen Entscheidungen verbürge, müsse der Staat politische Öffentlichkeit wiederherstellen, Zugang zu Organisationen, Verbänden, Parteien erzwingen (status activus) und zudem jedermann durch materielle Ausstattung (status activus positivus) instandsetzen, von diesem Zugangsrecht Gebrauch zu machen; insbesondere müsse er der Minderheit auch materiell die Möglichkeit geben, Mehrheit zu werden. — Auch in dieser demokratischen Version findet die institutionelle Interpretation nicht überwiegend Anerkennung. Zwar wird die Grundidee für richtig gehalten und auch — durch

---

[487] BVerfGE 33, 303 (337); BVerfGE 11, 133 (135); Carl Schmitt, Verfassungslehre, S. 164f.; ders., in: HbdDStR, Bd. 2, S. 594, 602; Thoma, in: Nipperdey, Grundrechte, Bd. 1, S. 27; Brunner, Georg, Die Problematik der sozialen Grundrechte, Tübingen 1971, pass.; Forsthoff, in: Forsthoff, Rechtsstaatlichkeit, S. 178; ders., in: Rechtsfragen der leistenden Verwaltung, S. 42; ders., Einiges über Geltung und Wirkung der Verfassung, in: Forsthoff, Ernst u. a. (Hrsg.), Festschrift für Ernst Rudolf Huber zum 70. Geburtstag, Göttingen 1973, S. 3-15; Klein, a.a.O., S. 65; Fechner, in: Forsthoff, Rechtsstaatlichkeit, S. 180, Fn. 15; Bachof, in: Forsthoff, Rechtsstaatlichkeit, S. 207, 247; Krüger, Staatslehre, S. 531; Maunz/Dürig/Herzog/Scholz, a.a.O., Art. 6, Rn. 31; Leibholz, Gleichheit, S. 220; Ernst, in: Planung III, S. 148.

[479] Zum status activus vgl. Jellinek, System, S. 136f., S. 140f zum antiken Begriff der Freiheit, die in der Anteilnahme am Staat bestand; Carl Schmitt, Verfassungslehre, S. 248; ders. in: HbdDStR Bd. 2, S. 594; Radbruch, HbdDStR Bd. 1, S. 289; Krüger, Staatslehre S. 543, Smend, Abhandlungen, S. 318 („Berufsrecht des Staatsbürgers"); Habermas, a.a.O., S. 246f.; Häberle, a.a.O., S. 17f.; Hamel, a.a.O., S. 20f.; Ridder, a.a.O., S. 258f.; Dürig, JZ 1953, S. 193.

4. Neuinterpretation der Grundrechte

verstärkte politische Bildung[480], Überlegungen im Hinblick auf ein Verbändegesetz etc. — verwirklicht, andererseits ist fraglich — abgesehen von den sozialstaatlichen Aspekten eines solchen „demokratischen Grundrechtes", ob eine so deutliche Privilegierung des politischen Freiheitsgebrauches in einer freiheitlichen Demokratie zulässig ist[481].

e) Über die Einschränkbarkeit der Grundrechte

Mit dem „Übergang vom bürgerlichen Rechtsstaat zum demokratischen und sozialen Staat" und dem damit verbundenen Wandel der Grundrechtsfunktionen ändert sich auch die Auffassung von der Einschränkbarkeit der Grundrechte. Häberle[482] postuliert den „Abschied vom Eingriffs- und Schrankendenken" und die Hinwendung zu einer „materialen Vorbehaltstheorie"[483]. Wenn die Grundrechte Institutionen der Freiheit sind, bedürfen sie der umfassenden Gestaltung, Realisierung, Effektuierung, der Konkretisierung und Begrenzung. Das ist Aufgabe des für den Institutionenschutz verantwortlichen staatlichen Gesetzgebers: Die ausgestaltenden und beschränkenden Gesetze, welche vom Gesetzesvorbehalt Gebrauch machen, sind „Ausführungsgesetze zu den Grundrechten"[484]. Der Gesetzgeber muß bei seiner Tätigkeit das Grundrecht als Institut beachten; zugleich ist er zur materialen Erfüllung des individuellen Status verpflichtet. Die Erfüllung beider Aufgaben erfordert in jedem Falle eine Güterabwägung zwischen dem allgemein-öffentlichen und dem subjektiv-privaten Interesse nach dem Verhältnismäßigkeitsprinzip. Nichts anderes als die Bezugnahme auf diese Schutzbedürfigkeit sowohl der institutionellen wie der individualrechtlichen Wertungsgrundlagen bedeutet die Verpflichtung des Gesetzgebers auf die „Allgemeinheit des Gesetzes" i.S. des Artikels 19 Absatz 1 GG[485]. Das Ergebnis der Güterabwägung ist immer ein Ausgleich zwischen öffentlichen und individuellen Interessen; die von institutionswegen notwendige Begrenzung des Individualrechtsschutzes wird aber nicht etwa als „Einschränkung" „von außen" an das Grundrecht herangetragen, sondern ist das Ergebnis eines Kompromisses zwischen Institution und Status „im Innern" des Grundrechtes als ganzen[486]. Es leuchtet ein, daß unter diesem neuen Ansatz die traditionelle Schrankensystematik hinfällig ist. Es gibt keinen Grundrechtsschutz „vor dem Staat"; jedes Grundrecht bedarf der staatlichen Ausgestaltung (wie in Artikel 14 Absatz 1 Satz 2, 1. Alternative GG) und Aktualisierung[487].

---

[480] Das ist das besondere Anliegen Krügers, Staatslehre, S. 787.
[481] Klein, a.a.O., S. 40.
[482] a.a.O., S. 230.
[483] a.a.O., S. 205.
[484] Häberle, a.a.O., S. 197.
[485] Krüger, Staatslehre, S. 544.
[486] Häberle, a.a.O., S. 61.
[487] Für die „institutionellen Garantien i.e.S." C. Schmidt, HdbdDStR Bd. 2, S. 596; weitergehend für alle Grundrechte: Häberle, a.a.O., S. 183, 205, 209.

IV. Grundgesetz als Verfassung des demokratischen Sozialismus

Aufgrund der institutionellen Grundrechtsvorstellung gehören auch „wesensmäßige", immanente Grundrechtsgrenzen zum „Wesensgehalt" jedes Grundrechtes; die institutionelle Interpretation kommt deshalb – wie die überwiegende Meinung — zu dem Ergebnis, daß die „immanenten Grundrechtsschranken" des Artikels 2 Absatz 1 GG zu Recht auf den ganzen Grundrechtsteil übertragen werden[488]. Die Grundrechte unterliegen aber auch einem besonderen Schrankenvorbehalt[489]. (Wie in Artikel 14 Absatz 1 Satz 2, 2. Alternative GG): Jedes Grundrecht ist als Individualrecht im Interesse der institutionellen Garantie einschränkbar; umgekehrt entspringen der Interpretation des Grundrechtes als Institut subjektive (positive oder aktive) Rechte des einzelnen oder von Gruppen. Das Ergebnis der Güterabwägung im Innern des Grundrechtes ist der „absolut geschützte Bereich" i.S. des Artikels 19 Absatz 2 GG. Jedes Grundrecht hat einen „Wesensgehalt", als Institut und als subjektiv-öffentliches Recht, die in Wechselwirkung untereinander stehen und deren Wertigkeit abgewogen werden muß[490]. Genügt der grundrechtsbegrenzende Gesetzgeber diesen materiellen Anforderungen, so ist auch eine „restlose Entziehung" des Grundrechtes (als Individualrecht) im Einzelfall möglich. Das Festhalten an einem unantastbaren materialen „Kernbereich" wird als „Gipfel einer liberalen Selbsttäuschung" verworfen[491]. — Das institutionelle Grundrechtsverständnis führt nicht nur zu einer umfassenden Einschränkbarkeit jedes Grundrechtes, deren mögliche Intensität sich nur aus dem Einzelfall ergibt, sondern hat auch eine „Gemeinpflichtigkeit des Grundrechtsgebrauches"[492] zur Folge. Grundrechte erstarken im sozialen Prozeß nur dann zu lebenskräftigen Instituten, wenn viele (alle) Grundrechtsträger von ihnen Gebrauch machen; nur dann schlägt die faktische Quantität in die Qualität der Norm um[493]. Nach der Eigenart des jeweiligen Lebensbereiches ist das Pflichtelement stärker oder schwächer; die gemeinschaftsbezogene „Verstrickung" kennt unterschiedliche Grade[494]. Das aktivbürgerliche Moment der Grundrechte ist in besonderem Maße pflichtenbezogen[495]; möglicherweise kann man auch die soziale Funktion nur sichern, indem man sie zur Grundpflicht macht[496]. Mit der Anerkennung

---

[488] BVerfGE 7 (198/207) („Lüth-Urteil"); Nipperdey, in: HdbdGR, Bd. 2, S. 773; Krüger, Staatslehre, S. 553; Häberle, a.a.O., S. 32f., 51 ff., 230; Ridder, in: HdbdGR, Bd. 2, S. 258; Wimmer, a.a.O., S. 115.

[489] Häberle, a.a.O., S. 100f., 116; Ridder, HdbdGR, Bd. 2, S. 160.

[490] Häberle, a.a.O., S. 11f., 61, 124 Fn. 322; 125f., ders. in: AöR 95 (1970), S. 617f.

[491] Krüger, Staatslehre, S. 945.

[492] Krüger, a.a.O., S. 543.

[493] Häberle, a.a.O., S. 123.

[494] Häberle, a.a.O., S. 100f.

[495] Häberle, a.a.O., S. 18; Carl Schmitt, Verfassungslehre, S. 254 (Wahl- und Stimmrecht); Smend, a.a.O., S. 318f. (Meinungsfreiheit); Ridder, a.a.O., S. 258 (Pressefreiheit); Radbruch, HdbdDStR, Bd. 1, S. 289 (Pflicht zum Eintritt in eine Partei).

[496] Schelsky, Arbeit, S. 215; (aus „Bildung ist Bürgerrecht" wird „Bildung ist Bürgerpflicht"); ablehnend: Krüger, a.a.O., S. 596f.; (strikt abzulehnen ist die Auffas-

4. Neuinterpretation der Grundrechte

der „Drittwirkungslehre" werden weite Bereiche der wirtschafts- und kulturgesellschaftlichen Grundrechtsgeltung „sozial überformt" und „grundpflichtig"; das Verbot unsozialen Handelns wird zum Gebot sozialen Handelns[497]. Das Recht, von einem Grundrecht auch nicht Gebrauch zu machen, gilt allenfalls noch für den privaten Bereich des einzelnen in der Familie[498]; aber wenn auch hier private Autonomie nur noch als abgeleitete denkbar ist[499], ist der gesamte Grundrechtsbereich der lenkenden und gewährenden Gewalt des die Gesellschaft demokratisch repräsentierenden Sozialstaates unterworfen. Dem einzelnen verbleibt dann nur das Recht, am Verteilung- und Zuteilungsprozeß teilzuhaben und teilzunehmen: Die Ausübung der Grundrechte ist dann weder rechtliche noch moralische, sondern existentielle Pflicht[500].

---

sung, die soziale Funktion der Grundrechte dadurch zu sichern, daß man sie zu Grundpflichten macht).

[497] Schmidt, a.a.O., S. 245; Forsthoff, Umbildung, S. 47; zur Eigentumsgarantie: Carl Schmitt, HdbdDStR Bd. 2, S. 590; Krüger, Staatslehre, S. 543, 621, 787.

[498] Krüger, Staatslehre, S. 542.

[499] Habermas, a.a.O., S. 249.

[500] Zur Grundrechts- und Grundpflichtgeltung im sozialistischen Staat: Brunner, a.a.O., S. 10f.; Posser, Diether, Raum und Grenzen der Toleranz in Kirche und Staat, in: Freiheit und Toleranz, Bericht über einen Dialog, Bonn—Bad Godesberg 1974, S. 37-51 (43); Fikentscher, a.a.O., Bd. 3, S. 540; Bullinger, Planung I, S. 203.

V. Tendenzen und Schranken der Interpretation des Grundgesetzes

Die Bestandsaufnahme der methodischen Grundzüge der Grundgesetzinterpretation und die Darstellung der beiden wichtigsten Auslegungsrichtungen — der sozial-rechtsstaatlichen und der demokratisch-sozialistischen — bliebe unvollständig, wenn man nicht versuchen würde, mögliche Tendenzen zu analysieren und an der typuswahrenden Verfassungsgrundform des Artikels 79 Absatz 3 GG zu messen. Gewisse Interpretationstrends sind unübersehbar: vom Individualismus zur Gemeinschaftsbindung; vom Liberalen zum Sozialen, von der mittelbaren Demokratie zu Formen der unmittelbaren Mitwirkung an Entscheidungen, vom Parlamentarismus zum Parteien- und Verbändestaat, vom Föderalismus zum Zentralismus usf. Es lassen sich auch zwei Grundströmungen feststellen, mit Hilfe derer mehr Gleichheit und Solidarität erzielt werden soll: Vermögensverteilung, Umverteilung und Daseinsvorsorge sollen die Teilhabe an der Nutznießung der gemeinschaftlich erarbeiteten Güter gesellschaftlich angleichen, und Mitbestimmung, Partizipation sollen jedermann gleichgewichtige Mitwirkung an allen Willensbildungsprozessen in Gesellschaft und Staat garantieren. Diese gesellschaftlichen und politischen Grundforderungen sollen durch Interpretation als verfassungsrechtliche Aufträge aus dem Grundgesetz legitimiert werden.

1. Vom Sozialstaat zum Wohlfahrtsstaat

Zunächst drängt der moderne Sozialstaat faktisch und in der rechtlichen Ausbildung zum allgemeinen Versorgungsstaat. Diese Entwicklung ist in den Grundzügen zweifellos „verfassungsrechtlich" gewollt. Die Verwirklichung des „sozialen" Rechtsstaates (Artikel 20 Absatz 1 GG) ist nicht nur als sozial ethischer Aufruf, sondern als rechtlich verbindliche Verpflichtung des Staates zu sozialer Verantwortung zu verstehen[501]. Artikel 14 Absätze 1 und 15 GG zeigen, daß das Grundgesetz vom ultraliberalen Eigentumsbegriff, der kaschierte politische Herrschaft ermöglichte, abrückt. Die Realisierung des Sozialstaates als Rechtsstaat eröffnet Wege zu fruchtbaren Kompromissen zwischen Individualrechten und Sozialbindung. Jedenfalls ist unbestritten, daß soziale „Almosenverhältnisse" fortschreitend in „Berechtigungsverhältnisse" umzuwandeln und in Richtung auf „soziale Gerechtigkeit" (als iustitia distributiva) durch

---

[501] Marti, a.a.O., S. 122f; Huber, Kulturstaat, S. 6.f.

Teilhaberechte zu stärken sind⁵⁰². Bei jedem Schritt in die sozialstaatliche Richtung ist jedoch zu bedenken, daß soziale Sicherung, Absicherung, Versicherung i.d.R. eine Einbuße an Initiative und Kreativität zur Folge hat, mit einer Schwächung des Leistungsprinzips einhergeht (Artikel 2 Absatz 1 GG). Vor allem erfordern sozialstaatliche Maßnahmen die Durchsetzung der Verpflichtungen des einzelnen gegenüber der Gemeinschaft, notfalls unter Anwendung von Zwang (Artikel 19 Absatz 1 GG). Aus einem „Recht auf Arbeit" wird eine „Pflicht zur Arbeit", aus einem „Bürgerrecht auf Bildung" eine „Pflicht, sich — beruflich und staatsbürgerlich-demokratisch — zu bilden". Gerade im Blick auf diese „Sachzwänge" ist es unabdingbar, daß der Sozialstaat weiterhin — wie bisher — in den Formen des Rechtsstaates (Artikel 20 Absatz 1 GG) verwirklicht wird⁵⁰³. Dabei muß als Gegengewicht in Kauf genommen werden, daß der Rechtsstaat als eine formale, „technische" Staatsart sich einem Einbruch des Historischen, Politischen, der Ambiance gegenüber abweisend verhält, nur begrenzt materiale Bedeutung für sich in Anspruch nimmt und für materiale Inhalte zugänglich ist⁵⁰⁴. Daher kommt es zu der bekannten Veränderung des Gesetzesbegriffes, dem Wuchern unbestimmter Rechtsbegriffe, vielfach der sozialstaatlichen Verwirklichung auf Wegen und in Formen außerhalb des traditionellen Rechtsstaatsverständnisses. Nimmt man hinzu, daß der Sozialstaat zunehmend überlastet wird und die mit der sozialstaatlichen Rationalität einhergehende Bürokratisierung in ein „neues Gehäuse der Hörigkeit" führt, so läßt sich als Fazit feststellen: Wenn es richtig ist, daß ein Minimum an Staat keineswegs ein Maximum an Freiheit zur Folge hat, so bleibt ebenfalls richtig, daß auch von einem Maximum an Staat nicht ohne weiteres mehr Gerechtigkeit zu erwarten ist⁵⁰⁵. Um so — auch verfassungsrechtlich — bedenklicher und für die rechtsstaatliche Freiheit gefährlicher ist der Umstand, daß sich der Sozialstaat — in Sozialpolitik und Sozialgesetzgebung — nie erfüllen, sondern immer nur verwandeln kann. Im Gegensatz zu Forsthoff⁵⁰⁶, der optimistisch meinte, nach einhundert Jahren sozialstaatlicher Anstrengung sei nun der Sozialauftrag erfüllt, die „soziale Realisation" durch wirtschaftliche und soziale Sicherung sowie die Umverteilung großen Stils erreicht, hat Zacher⁵⁰⁷ eindring-

---

⁵⁰² Bachof, in: Forsthoff, Rechtsstaatlichkeit, 212, S. 227f.; Gerber, in: Forsthoff, Rechtsstaatlichkeit, S. 391f.; Schelsky, Arbeit, S. 147.

⁵⁰³ Marti, a.a.O., S. 122f; Friesenhahn, Staatsrechtslehrer, S. 11f.; Fechner, in: Forsthoff, Rechtsstaatlichkeit, S. 84.

⁵⁰⁴ Forsthoff, VVDSTRL 12 (1954), 531.

⁵⁰⁵ Fechner, in: Rechtsstaatlichkeit, S. 84; Marti, a.a.O., S. 124; Forsthoff, a.a.O., S. 31; schon Triepel hat sich in: VVDSTRL 7 (1931), S. 197 (Diskussionsbeitrag) gegen die adjektivischen Verkleinerungen und Einengungen des Rechtsstaates als liberaler, bürgerlicher, sozialer usf. Rechtsstaat gewandt.

⁵⁰⁶ Staat der Industriegesellschaft, S. 32; vgl. auch Mestmäcker, Mitbestimmung, S. 11f.

⁵⁰⁷ In: Sozialgesetzbuch, S. 12: ders., in: Ipsen-Festschrift, S. 257f. (zur „anthropologischen Unmöglichkeit eines statischen Sozialstaates"); ausführlich in: Sozialpolitik und Verfassung im ersten Jahrzehnt der Bundesrepublik Deutschland, Berlin 1980, pass.

lich dargestellt, daß für den dynamischen Sozialstaat das Erreichte stets nur selbstverständliche Plattform für weitere soziale Leistungen sei, die — in einem Prozeß des gegenseitigen Aufschaukelns der Erwartungen und deren partikularer Erfüllung — an die „jeweils bedürftigsten" Gruppen erbracht würden. Die Ursache für die Unersättlichkeit des Sozialstaates liegt im von ihm verfolgten Gleichheitsziel, wie bereits Tocqueville[508] erkannt hat. Gleichheit ist — und war auch für den liberalen Tocqueville — unverzichtbar. Aber ihn schreckte der Gedanke: „Wenn alle Bedingungen ungleich sind, verletzt auch die größte Ungleichheit nicht, während inmitten allgemeiner Gleichförmigkeit die geringste Abweichung empörend wirkt ... darum ist es nur natürlich, daß die Gleichheit eben ständig mit der Gleichheit wächst. Wer sie befriedigt, gibt ihr neue Nahrung." Während so die Gleichheit steigt und steigt, sinkt die Tendenz zur Freiheit mehr und mehr. In jeder Gemeinschaft, erst recht in einem sozialen Staat, ist die Freiheit auf dem Rückzug. Daß sie aber durch die Rechtsstaatlichkeit (vor allem die Grundrechte) zumindest in gleicher Weise gewährleistet ist wie die soziale Gleichheit, macht letztlich die Autonomie des „sozialen Rechtsstaates" aus.

2. Von der repräsentativen zur partizipatorischen Demokratie

Im „etat actif" wirkt eine „societé active"; zwischen dem sozialstaatlichen Gleichheitsgebot und dem Gedanken der partizipatorischen Demokratie bestehen enge Berührungspunkte. Im bürgerlichen Rechtsstaat ist (politische) Demokratie faktisch aktives und passives Wahlrecht. Im Sozialstaat findet ein Aufstand des Individuums gegen diese versteinerte und begrenzte Beteiligung statt; es breiten sich mannigfache Formen der unmittelbaren Teilnahme aus. Von ihren Befürwortern wird jede höhere Beteiligung der Bevölkerung an der Meinungs- und Willensbildung in Staat, den autonomen und gesellschaftlichen Institutionen, als Gewinn betrachtet, ebenso die Steigerung der Zahl der Mitwirkungsvermittler (der Verbände etc.), als Transparenz, Rationalitätsverbürgung, Annäherung an die Identität von Herrschern und Beherrschten[509]. In Wirklichkeit bewirkt „Demokratisierung" eine „Politisierung" von Bereichen, die früher konfliktfrei blieben, eine „Polarisierung" der Meinungsbildung in Grenzen, die früher von Konsensfähigkeit geprägt waren, einen Rationalitätsverlust in der Arbeit von Sachdienste leistenden Institutionen, in denen früher „sachgerecht" entschieden wurde[510]. Vor allem bewirkt vermehrte „Demokratie" eine Einbuße an gewaltenteilenden Elementen im weitesten Sinne[511] —

---

[508] Die Demokratie in Amerika, a.a.O., Bd. 2, S. 45f. und 109f.
[509] Habermas, Strukturwandel, S. 253f.; Mannheim, Staat und Gesellschaft, S. 51f. (zur „Fundamentaldemokratisierung"); kritisch: Schelsky, System, S. 76.
[510] Schelsky, System, S. 67; schon Wittmayer, a.a.O., S. 411 schrieb über die politische Enteignung des Staates durch Auslieferung aller wichtigen Entscheidungen an eine Rätepyramide.

Gewaltenteilung zwischen politischen und wirtschaftlich-kulturellen Bereichen, staatlichen und autonomen Institutionen der „klassischen" Gewaltenteilung —, und da Gewaltenteilung in allen Formen ein Instrument der Freiheitssicherung ist, bewirkt „Demokratisierung" Freiheitsminderung[512]. Dem läßt sich nur widersprechen, wenn Freiheit nicht so sehr als „Freiheit von ..." (Zwang, Verpflichtung zur Verfolgung bestimmter Ziele), sondern primär als „Freiheit zu ..." (Mitwirkung, Mitgestaltung, Emanzipation) verstanden wird, welches jedoch nicht die Grundvorstellung des herrschaftsbändigenden Rechtsstaates der repräsentativen Demokratie ist. Nimmt man hinzu, daß „Demokratisierung" — ebenso wie „Sozialisierung" — die Tendenz zur Radikalisierung, zur anarchistischen Ausuferung in sich trägt, derer sich dann wieder autoritäre Kräfte bedienen, so wird man zu dem Ergebnis kommen, daß politische und gesellschaftliche Teilnahme an eine Grenze zu stoßen drohen, jenseits derer sie in eine Beschränkung eben jener Möglichkeiten umschlagen, die sie eigentlich hätte eröffnen sollen. —

3. Bedeutungswandel der Grundrechte

Teilhabe- und Teilnahmedenken prägen vor allem das institutionelle Grundrechtsverständnis. Wenngleich es als wichtiger verfassungstheoretischer Fortschritt anzusehen ist, daß im Institutionellen die Verbindung von Norm und Wirklichkeit wieder ins Bewußtsein gehoben wird, bedeutet es doch eine dem Individualschutz — dem die Grundrechte in erster Linie zu dienen bestimmt sind — abträgliche Übersteigerung, die subjektiv-rechtliche Seite weitgehend hinter die objektiv-rechtliche zurückzudrängen. Häberle ist der Verwechslung erlegen, die Grundrechte selbst seien als Institute, als Einrichtungen zu sehen, statt ihre zu Recht hervorgehobene institutionelle Seite als Teilelement innerhalb der Institution zu begreifen[513], wie es das Bundesverfassungsgericht in jüngster Zeit[514] besonders betont getan hat. Die Schmittsche[515] Unterscheidung von Grundrechten und institutionellen Garantien, die Häberle[516] als „Denken in Alternativen und Antinomien" bezeichnet, „das mit seiner dezisionistischen Haltung zusammenhängen mag", könnte einfach ein Denken in schärferen Begriffen sein. Wie dem auch sei: das Denken in Grundrechtsinstitutionen ist nicht nur verständlich, weil jedes Grundrecht in der Tat auch einen Typus garantiert, sondern auch rechtsstaatlich erträglich: Rupp[517] hat zutreffend

---

[511] Schelsky, Arbeit, S. 36.
[512] Schelsky, System, S. 85; ders., Arbeit, S. 147; auch Kaiser, Repräsentation, S. 283.
[513] Steiger, in: Schelsky, Institution, S. 105.
[514] Insbesondere in E 50, 290 (337f.).
[515] Aufsätze, S. 149f., 153, 167.
[516] a.a.O., S. 92.
[517] Wirtschaftsverfassung, S. 13.

darauf hingewiesen, daß nicht zuletzt dieser methodische Ansatz die Augen dafür geöffnet habe, daß der grundrechtsspezifische Gesetzesvorbehalt auch für Leistungen im status positivus gelte, wodurch die Doktrin vom bloß eingriffsbezogenen Allgemeinvorbehalt endgültig obsolet geworden sei. Dadurch ist das Ob, Wie und Wann der Erfüllung grundrechtlicher Aufträge in den Bereich parlamentarisch-demokratischer Entscheidungsverantwortung zurückgekehrt. Daß darüber hinaus der materiale Gehalt, der Grundwertentscheidungscharakter der Grundrechte, in der typologisch-institutionellen Interpretation seinen wirksamen und angemessenen Ausdruck findet, ist mittlerweile außer Streit[518]. Über diesen anerkannten Vorteilen des institutionellen Verständnisses dürfen jedoch die Schattenseiten und Gefahren nicht außer Acht gelassen werden. Die institutionelle Interpretation hat — wenn man vom traditionellen Gebrauch des Begriffes „Institution" in der Verfassungsrechtslehre ausgeht — paradoxe Folgen gehabt: Während sich die Garantie eines Rechtsinstitutes im allgemeinen gegen den Gesetzgeber richtet und dessen Gestaltungsbefugnis im Hinblick auf den gesicherten, inhaltlich bestimmten Normenkomplex beschränkt[519], verschafft das institutionelle Grundrechtsverständnis dem Gesetzgeber (sogar verpflichtend) Zugang zu allen Grundrechten, auch zu denen, die keinem Gesetzesvorbehalt unterliegen, auch bis in den Bereich des Wesensgehaltes hinein. Das bewirkt letztlich — jedenfalls vom liberalen Freiheitsverständnis her, dem die Grundrechtsidee entstammt — eine Verkehrung des Freiheitsbegriffes. Die vom Gesetzgeber gestaltete und zugemessene Freiheit ist vielleicht eine „höhere, edlere, wahrere, wohlverstandene" Freiheit, aber nicht das, was man im Rechtsstaat darunter verstehen muß: Dort muß in letzter Instanz derjenige entscheiden, was Freiheit ist, der frei sein soll. Aus dieser Sicht bedeutet „Freiheit als Rechtsinstitut" einen Rückfall in den Privilegienstaat der Exemtionen[520]. Wenn jedes Grundrecht tendenziell a priori in den Dienst des öffentlichen Interesses gestellt wird[521], muß nicht nur beachtet werden, was geschieht, wenn das institutionelle Instrument in die falschen Hände gerät[522], sondern es ist auch die prinzipiell dogmatische Frage nach der Funktion der Grundrechte im Verfassungstypus zu stellen.

---

[518] Carl Schmitt, HdbdDStR, Bd. 2, S. 581; Klein, Grundrechte, S. 31; Oppermann, a.a.O., S. 149; Rupp, a.a.O., S. 24; Wimmer, a.a.O., S. 111; Posser, a.a.O., S. 40; Krüger, Staatslehre, S. 541; Forsthoff, Umbildung, S. 45.

[519] Carl Schmitt, Aufsätze, S. 164; ders. HdbdDStR, Bd. 2, S. 578f.

[520] Carl Schmitt, Aufsätze, S. 168f.

[521] Kägi, a.a.O., S. 51f., 119f.; Klein, Grundrechte, S. 31; Zacher, Freiheit und Gleichheit in der Wohlfahrtspflege, 1964, S. 91f.; Habermas, a.a.O., S. 249; Burckhardt, Methode, S. 100: der sozialisierte Staat kennt nur ein öffentliches Recht; alle Rechte des einzelnen sind Dienstpflichten gegenüber der staatlichen Gemeinschaft.

[522] Klein, a.a.O., S. 31.

4. Verfassungswandel durch Interpretation?

Es ist nämlich zu fragen, ob der Inbegriff von sozialstaatlichem Teilhabedenken, demokratischen Teilnahmeforderungen und institutionellem Grundrechtsverständnis nicht bereits einen neuen Verfassungstypus verkörpert, der mit der Grundrechte-Demokratie des Grundgesetzes nicht mehr vereinbar ist. Die konsequente Anwendung der im Fortschreiten begriffenen Interpretationsmethode hätte dann einen „Verfassungswandel durch Auslegung"[523] zur Folge. Dabei ist die als „Verfassungswandlung" bezeichnete Tatsache, daß sich die Handhabung von Verfassungsnormen allmählich und innerlich dadurch ändert, daß den unverändert bleibenden Worten des Verfassungstextes ein anderer als der ursprüngliche Sinn beigelegt wird und sich auch eine zum Wortlaut in Widerspruch stehende Praxis bildet, an sich kein für die Verfassungsnormen spezifisches, sondern ein auf allen Rechtsgebieten zu beobachtendes Phänomen[524]: Wegen der „werthaltigen" Offenheit der „großen" Verfassungsnormen und des raschen Wandels der Politik ist es nur im Verfassungsrecht besonders markant. Eine solche Methode, in ein und dieselbe Verfassungsvorschrift entgegen ihrem Wortlaut und ihrer im Verfassungstypus wohl feststellbaren Wirkungsstruktur gänzlich verschiedene Konzeptionen hineinzulesen, hat nichts mit der notwendigen Anpassungsfähigkeit der um der Flexibilität willen unabdingbaren „Offenheit" von Verfassungsrecht, zu tun, sondern gibt die Verfassung schlechthin der politischen Absicht und subjektiven Spekulation preis[525]. Unter diesem Aspekt ist festzuhalten, daß das Grundgesetz — vor allem in der Voranstellung des Grundrechtsteiles (mit Artikel 19 Absätze 1 und 2 GG) sowie der Entscheidung für die repräsentativ-demokratische Rechtsstaatlichkeit — trotz des Attributes „sozial" — strukturell im Grundsatz die Verfassung eines bürgerliches Rechtsstaates geblieben ist. Die Annahme, der Rechtsstaat sei beliebiger Wandlungen fähig und in seiner spezifischen Ausprägung für Auslegung und Anwendung verfügbar, wäre in der Tat eine Illusion[526]. Eine solche „Verfügung" über die Verfassung in Richtung auf einen neuen Verfassungstypus zeichnet sich aber nach dem Ausgeführten ab. Zunächst wird Verfassungsvollzug in materialen Wertvollzug umgedeutet; der nomokratische Staat verwandelt sich in einen teleonomischen Staat der Zielvorgaben und -erfüllung[527]. Politik ist nicht pluralistische Konkretisierung des Gemeinwohles,

---

[523] Lerche, Stiller Verfassungswandel als aktuelles Problem, in: Spanner, Hans u.a. (Hrsg.), Festgabe für Theodor Maunz zum 70. Geburtstag, München 1971, S. 285-300.
[524] Kelsen, Staatslehre, S. 254.
[525] Rupp, a.a.O., S. 26f.
[526] Forsthoff, Umbildung, S. 61f.
[527] Hennis, Vom gewaltenteilenden Rechtsstaat zum teleokratischen Programmstaat, zur „lebenden Verfassung" der Bundesrepublik, in: Haungs, Peter (Hrsg.), Res Publica, Studien zum Verfassungswesen, Dolf Sternberger zum 70. Geburtstag, S. 170-195; Carl Schmitt, Tyrannei, S. 45; Schelsky, Arbeit, S. 161; Tenbruck, in: Schelsky-Festschrift, S. 81f.

V. Tendenzen und Schranken der Interpretation des Grundgesetzes

sondern angeblich Ausführung der Verfassung. Auch vollzieht sich im Verhältnis Staat-Gesellschaft ein grundlegender Wandel. Die funktionelle Trennung von privaten und öffentlichen Lebenssachverhalten ist aber unverzichtbar für die Eigenständigkeit des Teiles der staatlich verfaßten Gesellschaft, den der Bürger selbst ordnen kann, und für die Freiheitssicherung des Einzelnen selbst. Sie schützt ferner den Staat vor jeder Form der Privatisierung oder Vergesellschaftung, wie sie die allseitige „Demokratisierung" mit sich bringen muß[528]. Die Wandlung dieses Verhältnisses der Scheidung zweier Bereiche ist dabei nicht nur auf den erwähnten Wertwandel, sondern vor allem auf die Schubwirkung des Sozialstaates zurückzuführen[529]; der erweiterte Mitbestimmungsanspruch ist nur dessen konsequente Folge. Daß auch in der institutionellen Grundrechtstheorie ein Gutteil Rechtssozialismus steckt, wird kaum jemand bestreiten[530]. Die Institutionentheoretiker haben größere Schwierigkeiten mit der Zuordnung von Werten an Personen; nicht die Freiheit des einzelnen ist das Wesentliche, sondern die Gestaltung der Gesellschaft durch wertgebundene, in Institutionen verkörperte Leitideen: das alles entspricht Vorstellungen und Denkweisen „antiliberaler" Richtung. Da es sich im „Staat der Zielvorgaben" in der Regel um mehrere Dinge handelt — was läßt sich aus Sozialstaatsklausel und Demokratieprinzip nicht alles als „Verfassungsgebot" ableiten —, kommen die traditionellen Gewaltenschranken, wie die Gewaltenteilung, der Bundesstaat, Formen der Selbstverwaltung, selbst die als unantastbar bezeichneten Grundrechte, in dieser Sicht nur als „Restriktionen", „Sand im Getriebe", „Zum Abschneiden überfällige Zöpfe" vor[531]. Wenn die Ziele — in „romantischem Rückfall"[532] oftmals utopisch übersteigert — verwirklicht werden sollen, die „Hindernisse weggeräumt" sind, ist die Transformation des sozialen Rechtsstaates in den Wohlfahrtsstaat der gestalteten Demokratie vollzogen[533]. Wie weit fortgeschritten der Prozeß ist, zeigt der Umstand, daß viele nicht mehr sehen, daß auch über politische Ziele, die Richtung des „gesellschaftlich notwendigen Fortschrittes", pluralistisch und dialogisch-offen gerungen werden muß[534], daß der dem Grundgesetz zugrunde liegende verfassungspolitische Systementwurf, für den etwa Privateigentum und begrenzte, vermittelte Mitbestimmung kennzeichnend sind, in seinen machtbegrenzenden Funktionen kaum noch verstanden werden[535]. Der Weg vom Sozialstaat der bürgerlichen Gesellschaft zum Wohlfahrtsstaat einer sozialistischen Gesellschaft führt aber zu einem neuen Verfassungstyp. Seit Carl Schmitt unterliegt es keinem Zweifel, daß die

---

[528] Mitbestimmungsgutachten („Biedenkopf-Kommission"), S. 116.
[529] Zacher, Gesellschaft, S. 94; Forsthoff, Umbildung, S. 47.
[530] Fikentscher, a.a.O., Bd. 1, S. 539.
[531] Hennis, in: Res Publica, S. 175.
[532] Löwenthal, Der romantische Rückfall, Stuttgart 1971, S. 39.
[533] Forsthoff, Umbildung, S. 32f.; Habermas, a.a.O., S. 253.
[534] Fikentscher, a.a.O., Bd. 3, S. 633.
[535] Mestmäcker, a.a.O., S. 19.

4. Verfassungswandel durch Interpretation?

Frage, ob im Staat eine bürgerliche oder eine sozialistische Gesellschaftsordnung besteht, eine repräsentative Demokratie oder Mitbestimmung in Staat und Gesellschaft, zur verfassungspolitischen Gesamtentscheidung gehört, die in Artikel 79 Absatz 3 GG für unabänderlich erklärt wird. Trotz ihrer pluralistischen Offenheit und ihres weitgehend „technischen", „Verfahrensrechts"- Charakters, ist die grundgesetzliche Ordnung an bestimmte prinzipielle Grundelemente gebunden, die nicht ausgewechselt und auch nicht interpretatorisch durch Begriffsvertauschung „gewandelt" werden können, ohne daß das Grundgesetz seine Identität verlöre[536]. Zu dieser Grundentscheidung gehört es, daß das „Soziale" eine dem „Demokratischen" und „Republikanischen" ebenbürtiges selbständiges Konstitutionselement des grundgesetzlichen „Rechtsstaates" (Artikel 79 Abs. 3 i. V. m. Artikel 20 Absatz 1 GG) ist[537]. Das schließt aus, unter Berufung auf die sozialen Aufgaben die Demokratie als Mitbestimmung zu instrumentalisieren und die Grundrechte als Kernelement des Rechtsstaates durch Institutionalisierung zu relativieren. Das „Demokratische" ist im Grundgesetz so ausgeformt — insbesondere dadurch, daß Artikel 20 Absatz 2 Satz 2 GG von „besonderen Organen" spricht —, daß umfassende Mitbestimmungs- und Partizipationsansprüche sich jedenfalls nicht als „Vollzug des Verfassungswillens" kennzeichnen können. Schließlich ist die Theorie von der „institutionellen Offenheit und Gestaltbarkeit" aller Grundrechte mit dem Wortlaut des Grundgesetzes (Artikel 79 Absatz 3 i. V. m. Artikel 1 Absatz 1 und Absatz 3 mit 2 bis 19 GG)[538] ebensowenig vereinbar wie mit der Rechtsprechung des Bundesverfassungsgerichtes[539]. Mit Hilfe der „funktionalen Äquivalenz" mag der Inhalt der Grundrechte interpretierbar sein, wenn sie ohne Anpassung an veränderte soziale und wirtschaftliche Verhältnisse leerlaufen würden. Der Gesetzgeber ist jedoch nicht befugt, grundrechtlich geschützte Freiheitsbereiche durch Ausgestaltung selbst obsolet zu machen, auch nicht mit Hilfe einer Gesetzgebung, die damit begründet wird, daß die Funktionen von Grundrechten auf andere Weise — durch Teilhabe und Teilnahme — „äquivalent" erfüllt würden. Die Grundrechte haben nicht zuletzt gerade die Aufgabe, dem Staat bestimmte Mittel zur Erfüllung seiner Zwecke zu entziehen, etwa die Freiheitsbeschränkung bis zum Grundrechteentzug[540].

---

[536] Mestmäcker, a.a.O., S. 12; Rupp, a.a.O., S. 5.

[537] Gerber, in: Forsthoff, Rechtsstaatlichkeit, S. 355.

[538] Die Grundrechte sind wegen ihres Menschwürdegehaltes an der Unantastbarkeitsgarantie des Artikels 1 GG beteiligt; Maunz/Dürig/Herzog/Scholz, a.a.O., Artikel 79 Rn. 42; das gilt auch für Art. 19 Abs. 1 und 2 GG.

[539] Hier nur BVerfGE 50, 290 (337 f.) m. w. N.; Dürig hat (VVDSTR 30 [1971], S. 154) nicht zu Unrecht davon gesprochen, daß die Grundrechte einer Belastung durch durchgängige Anerkennung des status positivus nicht standhalten könnten und das ganze Verfassungsmodell des Grundgesetzes vom Einsturz bedroht sei. Vergleichbares dürfte für den status aktivus gelten: der Gang, den „unregierbaren Staat" (dazu Hennis, Wilhelm/ Kielmansegg, Peter Graf/Matz, Ulrich, Regierbarkeit, Studien zu ihrer Problematisierung, Bd. I, II, Stuttgart 1977 und 1979, S. 118 f.); vgl. auch (kritisch) Rupp, a.a.O., S. 12 und (positiv) Abendroth, VVDSTRL 12 (1954), S. 87 f.

110 V. Tendenzen und Schranken der Interpretation des Grundgesetzes

5. Die Verfassung als „offene" Wertordnung

Die Verschmelzung von Rechtsstaat und Sozialstaat in der Demokratie, ohne in den Wohlfahrtsstaat abzugleiten und ohne einer Totaldemokratisierung zu verfallen, sind die vom Grundgesetz vorgezeichnete Aufgabe und der einzuschlagende Weg[541]. Die Gefahr, auf dem Wege die „offene Gesellschaft" an eine Gesinnungsdiktatur zu verlieren, ist groß. Es ist noch nicht ausgemacht, ob die Zukunft dem „selbständigen oder dem betreuten Menschen"[542] gehört. Es gibt viele Möglichkeiten, den demokratischen Sozialstaat des Grundgesetzes zu verwirklichen. Zwischen ihnen zu wählen, ist Aufgabe der Politik. Die Entscheidung fällt im offenen, pluralistischen Dialog. Das Grundgesetz, insbesondere Artikel 79 Absatz 3 GG, können zur Lösung der politischen Aufgabe nur in bescheidenem Maße beitragen. Die Verfassung steckt nur das Spielfeld ab, innerhalb dessen die politischen Kräfte um die Konkretisierung des demokratischen Rechtsstaates ringen[543], gibt auch einige Anhaltspunkte für die Richtung der Politik. Über ihre Einhaltung zu wachen, ist primär Aufgabe des Bundesverfassungsgerichtes. Es kann verfassungskonform auslegen, zur besseren, genaueren Beachtung und besseren Verwirklichung der Verfassung ermahnen, verfassungswidrige Gesetze verwerfen. Was der verfassungsrechtliche Entscheidungsakt nicht kann, ohne denaturiert zu werden, ist, an die Stelle der Politik zu treten, nämlich Entwürfe für die Gesamtordnung von Zwecken, Zielen und Mitteln zu liefern[544]: Weder bietet das Grundgesetz für diese Aufgabe eine hinreichende Basis noch gibt sie dem Richter für diese Entscheidung eine Legitimation.

---

[540] Mestmäcker, a.a.O., S. 10, 16; ebenso Krüger, DÖV 1976, 616.

[541] Fikentscher, a.a.O., Bd. 3, S. 550; Arndt, Adolf, Das nicht erfüllte Grundgesetz 1960, in: Böckenförde, Ernst Wolfgang: Gesammelte juristische Schriften und ausgewählte Aufsätze und Vorträge 1946-1972, München 1976, S. 141-156 (155f.); Bachof, in: Forsthoff, Rechtsstaatlichkeit, S. 213. Zu Recht weist Fikentscher (a.a.O., S. 550) darauf hin, daß es eines der ernstesten Versäumnisse der (Verfassungs-)Politik des 19. und beginnenden 20. Jahrhunderts gewesen sei, daß sie die soziale Frage und die Ausdehnung der Demokratie auf alle Bürger nicht in den Griff bekommen habe. Daher müsse man noch heute die Reste des Manchester-Liberalismus hinwegräumen (a.a.O., S. 683). Bachof meint (a.a.O., S. 21), hier habe die Sozialpädagogik (staatsbürgerliche, politische Bildung) eine wichtige Aufgabe.

[542] Schelsky, Abschied, S. 178 (auch in der Entgegensetzung: der liberale oder der betreute und beherrschte Mensch); ähnlich Mestmäcker, a.a.O., S. 22.

[543] Fikentscher, a.a.O., Bd. 3, S. 632: Vermutung für die Pluralität in der problemoffenen Grundrechtsdemokratie; auch ders., a.a.O., Bd. 3, S. 331 gegen Huber, in: Bewahrung, Vorwort, der meint, die Verfassung diene primär der Konfliktüberwindung, nicht ihrer Austragung.

[544] Esser, Vorverständnis, S. 198.

Printed by Libri Plureos GmbH
in Hamburg, Germany